中学歴史

◆登場キャラクター◆

史人（ふみと）
未来の学校に通う歴史バーガテな中学生。

暦美（こよみ）
ふみとのおさななじみ。ロボットの発明もできる天才少女。

ロボ太
こよみがつくった勉強ロボット。さまざまな学習モードが搭載（とうさい）されている。

→ここから読もう！

① 21××年 シグマ中学校
歴史のテスト 今回も悪かったな〜
帰ったらおこられる…

② ふみとくん！ちゃんと勉強しなきゃダメじゃない！
まったく…
見ないでよ〜
わっ！こよみちゃん！

③ そんなふみとくんのために，勉強ロボットをつくってあげたわよ！
ロボ太です！
こよみちゃんはあいかわらず発明マニアだね…

④ 覚えよう！
○○をさぐろう！
ロボ太が出す課題をクリアしていけば，カンタンに勉強ができるのよ！

⑤ 歴史がとてもニガテなふみとくんには，体験モードがオススメさ！
ジャジャーーン
何ソレ！

⑥ さぁ！過去へワープして歴史の勉強よ！
うわ〜

本書の使い方

テスト前の学習や，授業の復習として使おう！
苦手な部分をこれで解消!!

左の まとめページ と，右の 問題ページ で構成されています。

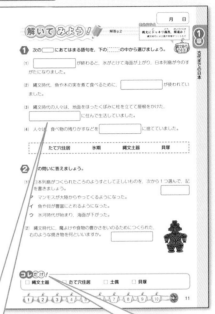

重要用語
この単元で重要な用語を赤字にしているよ。

解いてみよう！
まずは，穴うめで左ページのことを確認しよう。

コレだけ！
これだけは覚えておきたい用語をのせているよ。

確認テスト
章の区切りごとに「確認テスト」があります。
テスト形式なので，学習したことが身についたかチェックできます。

章末「課題提出」
ロボ太の課題をまとめています。
その時代で覚えておきたいポイントなので，最後の確認にピッタリ！

別冊解答
解答は本冊の縮小版になっています。

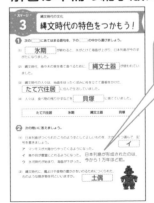

赤字で解説を入れているよ。

4

1章 古代までの日本
旧石器時代～平安時代

この時代の課題

● むかしの人々のくらしを探ろう！

● 政治の実権をにぎった人物を調べよう！

人類の進化をおさえよう！

今から約700万年から600万年前に出現した猿人は，原人，新人へと進化していきました。1万年ほど前に，農耕・牧畜を行う新石器時代が始まりました。

人類はどのように進化していったのかな。

❶ 人類の出現と進化

約700万〜600万年前

猿人

最古の人類である**猿人**が，アフリカに現れました。

猿人は道具を使うようになりました。

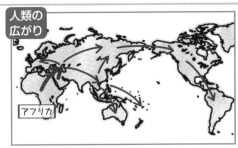

人類の広がり

アフリカ

250万年ほど前に地球が寒冷化し，氷河時代になったよ。

200万年ほど前

原人

火や言葉を使う**原人**が現れました。このころ，打製石器がつくられていました。

❷ 旧石器時代と新石器時代

打製石器を用いて，狩りや採集を行っていた時代を，**旧石器時代**といいます。

20万年ほど前

新人（ホモ・サピエンス）

アフリカに**新人**が現れ，世界中へ広がりました。

新人は現在の人類の直接の祖先だよ。

1万年ほど前には気温が上がり始め，食物を煮るための**土器**や，**磨製石器**が使われるようになりました（**新石器時代**）。

くらべる
ポイント

打製石器と磨製石器

打製石器は石を打ち欠いてつくられたよ。

▲打製石器

▲磨製石器

磨製石器は石の表面をみがいてつくられたよ。

解いてみよう！

解答p.2

人類の
進化

1 次の□□□にあてはまる語句を，下の□□□の中から選びましょう。

(1) 最古の人類である猿人は，今から約700万年から600万年前に

［　　　　　　　　　　　］に現れました。

(2) 今から200万年ほど前，火や言葉を使う［　　　　　　　　　　　］が現れました。

(3) 人類が打製石器を用いて，狩りや採集を行っていた時代を

［　　　　　　　　　　　］といいます。

(4) 1万年ほど前には，石をみがいて［　　　　　　　　　　　］がつくられるようになり

ました。

```
    磨製石器        旧石器時代        原人        アフリカ
```

2 次の問いに答えましょう。

(1) 現在の人類の直接の祖先にあたるのは，猿人，原人，新人のうちどれですか。

［　　　　　　　　　　　］

(2) 右の**ア・イ**は，打製石器と磨製石器のどちらです
か。それぞれ答えましょう。

ア［　　　　　　　］　　イ［　　　　　　　］

(3) 旧石器時代の説明として正しいものを，次から1つ選んで，記号を書きましょう。

ア 石の表面をみがいた磨製石器が使われていた。

［　　　　］

イ 食物を煮るための土器が使われていた。

ウ 打製石器を用いて，狩りや採集を行っていた。

コレだけ！

□ 新人（ホモ・サピエンス）　　□ 旧石器時代　　□ 打製石器　　□ 磨製石器

古代文明をおさえよう！

アジアやアフリカでは，農耕や牧畜が発達し，文明が発展しました。やがて，各地で宗教がおこり，さまざまな文化を生み出しました。

4つの文明の共通点を考えてみよう。

1 古代文明のおこり

大きな川の周辺で文明が栄えているよ！

メソポタミア文明
くさび形文字や太陰暦が発明されました。

▲くさび形文字

エジプト文明
象形文字や太陽暦が発明されました。

▲ピラミッド

王の墓としてピラミッドがつくられたのね。

インダス文明
道路や水路が整備されたモヘンジョ・ダロという都市がつくられました。

中国文明
殷では，青銅器や甲骨文字が使われました。
秦の始皇帝は万里の長城を築きました。漢は西方のローマ帝国とシルクロードで結ばれました。

地図中ラベル: チグリス川　ユーフラテス川　インダス川　黄河　長江　ナイル川

2 宗教のおこり

仏教

紀元前5世紀ごろ，シャカ（釈迦）がインドで開きました。

キリスト教

紀元前後に生まれたイエスの教えが『聖書』にまとめられて，広まりました。

イスラム教

7世紀のアラビア半島で，ムハンマドが開きました。

見てわかる 資料集

甲骨文字

亀の甲や牛の骨に刻まれたよ。

人　牛　魚

甲骨文字は漢字のもとになった文字です。

解いてみよう！

解答p.2

年代ゴロ！
２２１
つづいて統一　秦の始皇帝
【紀元前221年】秦の始皇帝が中国を統一
紀元前
221年

1章

古代までの日本

1 次の □ にあてはまる語句を，下の ⌐┆┐ の中から選びましょう。

(1) ナイル川の流域では ＿＿＿＿＿＿ 文明がおこり，象形文字や太陽暦が発明されました。

(2) ＿＿＿＿＿＿ 文明では，道路や水路が整備されたモヘンジョ・ダロという都市がつくられました。

(3) 中国を統一した秦の始皇帝は，北方の遊牧民族の侵入(しんにゅう)を防ぐために ＿＿＿＿＿＿ を築きました。

(4) 紀元前後に生まれたイエスの教えが『聖書』にまとめられ， ＿＿＿＿＿＿ 教として広まりました。

> インダス　　エジプト　　万里の長城　　キリスト

2 次の問いに答えましょう。

(1) メソポタミア文明で発明されたものを，次から1つ選んで，記号を書きましょう。

　ア　象形文字　　　イ　くさび形文字
　ウ　太陽暦　　　　エ　万里の長城

(2) 中国の殷でつくられた，亀の甲や牛の骨に刻まれた右のような文字を何といいますか。

(3) 7世紀のアラビア半島で，ムハンマドが開いた宗教を何といいますか。

コレだけ！

☐ エジプト文明　　☐ メソポタミア文明　　☐ 秦　　☐ キリスト教

縄文時代の特色をつかもう！

今から1万年ほど前，最後の氷期が終わると海面が上昇し，日本列島の形ができました。木の実を煮て食べるために，縄文土器が使われるようになりました。

縄文時代の人々は，どんなくらしをしていたんだろう。

① 日本列島の誕生

氷河時代，日本列島は大陸と地続きで，マンモスやナウマンゾウを追って人々が大陸からやってきました。

最後の氷期が終わるとあたたかくなり，海面が上がりました。これにより，**日本列島**が形づくられました。

魚や貝，木の実などが豊富にとれるようになったんだ。

② 縄文時代のくらし

縄文土器

人々は，木の実や漁でとれた魚を煮て食べるため，表面に縄目の文様をつけた**縄文土器**をつくりました。縄文土器が使われた時代を**縄文時代**といいます。

たて穴住居

縄文時代の人々は，地面をほったくぼみに柱を立て屋根をかけた，**たて穴住居**をつくりました。

食べ物の残りかすは，貝塚に捨てていたのよ。

土偶

魔よけや食物の豊かさをいのるために**土偶**がつくられました。

見てわかる 資料集

岩宿遺跡（群馬県）で発掘された打製石器

打製石器は，旧石器時代に生まれたよ。

岩宿で打製石器が発見されたことで，**日本にも旧石器時代があった**ことがわかりました。

 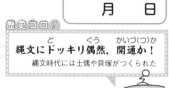解答p.2

1 次の◯にあてはまる語句を，下の◯の中から選びましょう。

(1) ◯◯◯ が終わると，氷がとけて海面が上がり，日本列島が今のすがたになりました。

(2) 縄文時代，魚や木の実を煮て食べるために，◯◯◯ が使われていました。

(3) 縄文時代の人々は，地面をほったくぼみに柱を立てて屋根をかけた，◯◯◯ に住んで生活していました。

(4) 人々は，食べ物の残りかすなどを◯◯◯ に捨てていました。

```
たて穴住居      氷期      縄文土器      貝塚
```

2 次の問いに答えましょう。

(1) 日本列島がつくられたころのようすとして正しいものを，次から1つ選んで，記号を書きましょう。◯

　ア　マンモスが大陸からやってくるようになった。

　イ　魚や貝が豊富にとれるようになった。

　ウ　氷河時代が始まり，海面が下がった。

(2) 縄文時代に，魔よけや食物の豊かさをいのるためにつくられた，右のような焼き物を何といいますか。◯

コレだけ！

☐ 縄文土器　　☐ たて穴住居　　☐ 土偶　　☐ 貝塚

1　2　3　4　5　6　7　8　9　10　11

弥生文化と邪馬台国

弥生時代の特色をつかもう！

紀元前4世紀ごろ，大陸から稲作（いなさく）が伝わり，社会の仕組みが大きく変わりました。小さな国々が生まれ，なかには，中国に使いを送る国もありました。

人々の生活は，どのように変わったのかしら。

① 稲作の伝来と弥生時代のくらし

大陸から**稲作**が九（きゅう）州北部に伝わり，やがて東日本まで広がりました。

このころから弥生土器がつくられ始めたよ。この時代を弥生時代というよ。

ねずみや湿気（しっけ）を防ぐために，高（たか）床倉庫（ゆかそうこ）をつくり，収穫（しゅうかく）した米を蓄（たくわ）えました。

◀青銅器　▼鉄器

稲作とともに伝わった青銅器や鉄器などの**金属器**が使われました。

祭りの道具

農具

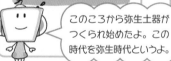

小さな国々ができ，人々を支配する有力者（豪族（ごうぞく））や王が現れるようになりました。

② 中国との交流

倭（わ）（日本）に100あまりの国があり，中国に使いを送る国もありました。

王の地位を認めて下さい。

使い

中国の皇帝

「漢委奴国王（かんのわのなのこくおう）」と刻まれているね。

紀元前1世紀ごろ

倭の奴国（なこく）の王が，後漢（ごかん）に使いを送り，**金印（きんいん）**を授けられました。

1世紀の半ば

倭の邪馬台国（やまたいこく）は，女王卑弥呼（ひみこ）がおさめており，魏（ぎ）に使いを送りました。

3世紀

くらべるポイント

縄文土器（じょうもんどき）と弥生土器

厚手で，低温で焼かれたため黒褐色（こくかっしょく）をしているよ。

▲縄文土器

▲弥生土器

高温で焼かれたため，薄手（うすで）で赤褐色（せきかっしょく）をしているよ。

解いてみよう！

解答p.2

1 次の◯◯にあてはまる語句を，下の⌐⌐の中から選びましょう。

239年

(1) 紀元前4世紀ごろ，九州北部に　　　　　　　　　　　が伝わり，やがて東日本まで広がりました。

(2) ねずみや湿気を防ぐために，　　　　　　　　　　　をつくり，収穫した米を蓄えました。

(3) 稲作とともに，青銅器や鉄器などの　　　　　　　　　　　が伝わりました。

(4) 1世紀半ばごろ，倭の奴国の王が，後漢に使いを送り，「漢委奴国王」と刻まれた　　　　　　　　　　　を授けられました。

┌───┐
│　　金印　　　　　稲作　　　　　金属器　　　　　高床倉庫　│
└───┘

2 次の問いに答えましょう。

(1) 稲作が伝わったころ，高温で焼いた，薄手で赤褐色をした土器が使われるようになりました。この土器を何といいますか。

(2) 稲作とともに伝わり，祭りに使われた右のような道具を何といいますか。次から1つ選んで，記号を書きましょう。

　ア　金印　　　　イ　打製石器
　ウ　鉄器　　　　エ　青銅器

祭りの道具

(3) 239年に，魏に使いを送った邪馬台国の女王はだれですか。

コレだけ！

☐ 弥生土器　　　☐ 金属器　　　☐ 金印　　　☐ 邪馬台国

古墳時代

大和政権の広がりをおさえよう！

3世紀になると，大和政権（ヤマト王権）が誕生しました。また，各地で大きな古墳がつくられるようになりました。

古墳がどのように広がったのかに注目しよう。

❶ 大和政権の広がり

近畿地方の有力な豪族たちにより，**大和政権**が生まれました。

大和政権の王は，やがて**大王**とよばれるようになりました。

大王や豪族の墓として**古墳**が各地につくられました。

▲前方後円墳

古墳の周りには，**埴輪**がおかれました。

◀埴輪

前方後円墳のおもな分布（🔑はとくに多いところ）

大和政権

大和政権を中心に古墳は全国に広がっているんだね。

❷ 大陸との交流

中国の皇帝に認められようと，たびたび使者を送った王もいました。

5世紀のアジア

朝鮮

高句麗
新羅
北魏
百済
倭
中国
日本
伽耶（任那）
宋

漢字

大陸から一族で移り住んだ**渡来人**が，日本（倭）へ漢字や仏教を伝えました。

日本は百済や伽耶地域の国と組み，新羅や高句麗と戦ったこともあるんだって。

見てわかる
資料集

**古墳から
出土した鉄剣**

雄かる多支卤大王

「ワカタケル大王」と刻まれているよ。

「ワカタケル大王」とは，478年に中国へ使いを送った倭王武だといわれています。

年代ゴロ！
4　7　8
余の名は武，中国に使いを送る
【478年】倭王武が中国に使いを送る

478年

解答p.3

1 次の□□□にあてはまる語句を，下の□□□の中から選びましょう。

(1) 近畿地方の有力な豪族を中心に □□□□□□ がつくられ，勢力を広げました。

(2) 王や豪族の墓として，各地に大きな □□□□□ がつくられました。

(3) 王や豪族の墓の周りには，土を焼いてつくられた □□□□□ がおかれました。

(4) 古墳時代には，大陸から一族で移り住んだ □□□□□ が，漢字や仏教を日本に伝えました。

大和政権　　　　渡来人　　　　埴輪　　　　古墳

---

2 次の問いに答えましょう。

(1) 大和政権の王は，やがて何とよばれるようになりましたか。

(2) 円形と方形を組み合わせた，右のような形の古墳を何といいますか。

(3) 右の地図は，5世紀ごろの朝鮮半島を示しています。**X**の国を，次から1つ選んで，記号を書きましょう。

　ア　高句麗　　　イ　百済
　ウ　新羅　　　　エ　伽耶

コレだけ！

□ 大和政権　　□ 大王　　□ 古墳　　□ 渡来人

聖徳太子の政治をおさえよう！

6世紀末ごろ，聖徳太子（しょうとくたいし）が推古天皇（すいこてんのう）の摂政（せっしょう）となり，政治制度を整えようとしました。聖徳太子の死後は，中大兄皇子（なかのおおえのおうじ）らが大化（たいか）の改新（かいしん）を行いました。

聖徳太子はどんな政治を行ったのかな。

① 聖徳太子の政治

推古天皇の摂政となった**聖徳太子**（厩戸皇子（うまやどのおうじ））は，**蘇我氏（そがし）**とともに，**天皇**を中心とする国づくりをめざしました。

冠位十二階（かんいじゅうにかい）
冠（かんむり）の色で地位を区別し，才能のある人を取り立てた。

十七条の憲法（じゅうしちじょうのけんぽう）
役人の心構えを示した。

遣隋使の派遣（けんずいしのはけん）
小野妹子（おののいもこ）を隋に派遣した。

② 飛鳥文化（あすかぶんか）

日本で最初の仏教文化である**飛鳥文化（ぶっきょうぶんか）**が栄えました。聖徳太子が建てた**法隆寺（ほうりゅうじ）**には，釈迦三尊像（しゃかさんぞんぞう）がまつられました。

遣隋使を派遣して，中国の進んだ文化や制度を取り入れようとしたよ。

③ 大化の改新とその後

聖徳太子の死後，**中大兄皇子**は**中臣鎌足（なかとみのかまたり）**とともに蘇我氏をたおし，**大化の改新**を始めました。それまで豪族（ごうぞく）が支配していた土地と人々を国が直接支配する**公地（こうち）・公民（こうみん）**の方針が示されました。

中大兄皇子はのちに**天智天皇（てんじてんのう）**に即位（そくい）しました。その後，**壬申の乱（じんしんのらん）**が起こり，**天武天皇（てんむてんのう）**が即位しました。

見てわかる資料集

十七条の憲法　仏教の考えを取り入れているよ。

一に曰（いわ）く，和をもって貴（とうと）しとなし，さからうことなきを宗（むね）とせよ。
二に曰く，あつく三宝（さんぼう）を敬（うやま）え。三宝とは，仏・法（のり）（仏教の教え）・僧（そう）なり。
三に曰く，詔（みことのり）（天皇の命令）を承（うけたまわ）りては必ずつつしめ。　〈部分要約〉

「天皇の命令に従いなさい」という内容だよ。

解答p.3

年代ゴロ！

59 3
国民賛成！ 聖徳太子の政治
【593年】聖徳太子が摂政となる

593年

1章

古代までの日本

1 次の　　　　にあてはまる語句を，下の　　　　の中から選びましょう。

(1) 聖徳太子は，冠の色で役人の地位を区別し，才能のある人を取り立てようと，

　　　　　　　　　　　　　　　　　　の制度を定めました。

(2) 小野妹子は，中国の進んだ文化や制度を取り入れるために　　　　　　　　

として隋に派遣されました。

(3) 聖徳太子が建てた　　　　　　　　　には，釈迦三尊像がまつられました。

(4) 中大兄皇子は，中臣鎌足とともに　　　　　　　　　　とよばれる政治改革

を始めました。

　　大化の改新　　　　冠位十二階　　　　遣隋使　　　　法隆寺

---

2 次の問いに答えましょう。

(1) 右の資料は，聖徳太子が定めたものです。この
法令を何といいますか。

一に曰く，和をもって貴しとなし，
　さからうことなきを宗とせよ。
二に曰く，あつく三宝を敬え。三
宝とは，仏・法（仏教の教え）・
僧なり。　　　　〈部分要約〉

(2) 聖徳太子が法隆寺を建てたころに栄えた，日本
で最初の仏教文化を何といいますか。

(3) 大化の改新で示された，豪族が支配していた土地や人民を，国が直接支配すると
いう方針を何といいますか。

コレだけ！

☐ 聖徳太子　　　☐ 遣隋使　　　☐ 大化の改新　　　☐ 公地・公民

律令国家のしくみをおさえよう！

710年，律令国家の新しい都として平城京がつくられました。律令の決まりにもとづいて，人々にはさまざまな負担が課せられていました。

奈良時代の人々にはどんな負担があったのかしら。

1 律令国家の成立

701年　大宝律令が制定されました。中国の唐にならって全国を律と令で支配するしくみが定められました。

律（刑罰のきまり）
令（政治上のきまり）
国

中国では，隋がほろんで，唐ができたよ。

710年　奈良の平城京に都を移しました（奈良時代の始まり）。平城京には，天皇の住居や役所が建てられました。
和同開珎などの貨幣もつくられました。

和同開珎▶

2 奈良時代の制度と人々の負担

班田収授法
戸籍に登録された6歳以上の人には口分田が与えられ，死ぬと国へ返していました。

墾田永年私財法
次第に口分田が不足したため，人々に開墾をすすめました。

新しく開墾した土地の私有を認めたのね。

租
口分田の面積に応じて稲をおさめる。

調
地方の特産物を都におさめる。

庸
労役のかわりに布を都におさめる。

防人
九州北部の警備を行う。

調や庸は都へ運んでおさめたよ。負担はきびしいものだったんだね。

見てわかる
資料集

平城京

東市と西市では，都に届けられた特産品が売買されていたんだ。

唐の都・長安にならって道路が碁盤の目のように整備されているよ。

解いてみよう！

解答p.3

年代ゴロ！
７１０
南東進めば平城京！
【710年】奈良に平城京がつくられる
710年

1 次の　　　にあてはまる語句を，下の　　　　の中から選びましょう。

(1) 701年，唐の法律にならって　　　　　　　　　がつくられました。

(2) 710年，碁盤の目のように道路が整えられた　　　　　　　　　が奈良につくられました。

(3) 戸籍に登録された6歳以上の人々に口分田が与えられ，死んだら国に返すきまりを　　　　　　　　　といいます。

(4) 不足した口分田を補おうと，人々に開墾をすすめるため，
　　　　　　　　　　　　　が定められました。

| 班田収授法 | 墾田永年私財法 | 平城京 | 大宝律令 |

2 次の問いに答えましょう。

(1) 平城京は中国の（　）の都・長安にならってつくられました。（　）にあてはまる中国の王朝を，次から1つ選んで，記号を書きましょう。
　ア　秦　　イ　魏　　ウ　隋　　エ　唐

(2) 奈良時代につくられた，右のような貨幣を何といいますか。

(3) 口分田の面積に応じて，稲をおさめる負担を何といいますか。次から1つ選んで，記号を書きましょう。
　ア　租　　イ　庸　　ウ　調　　エ　防人

コレだけ！
□ **大宝律令**　　□ **平城京**　　□ **口分田**　　□ **墾田永年私財法**

奈良時代の文化の特色をつかもう！

奈良時代，唐の文化の影響を受けた，国際色豊かな文化が栄えました。このころ聖武天皇は国ごとに国分寺・国分尼寺を建て，都の東大寺には大仏をつくりました。

聖武天皇はなぜ大仏をつくったのかな。

❶ 天平文化

唐の制度や文化を取り入れるため，**遣唐使**が何度も派遣されました。

唐からは鑑真が来た

仏教や唐の影響を受けた国際色豊かな**天平文化**が栄えました。

東大寺の正倉院には，西アジアやインドから**シルクロード**を通ってもたらされた宝物がおさめられました。

『万葉集』には，天皇や貴族だけでなく防人や農民の歌もおさめられたのね。

東大寺の正倉院

このころの書物

歴史書…『古事記』
　　　　　『日本書紀』
地理書…『風土記』
和歌集…『万葉集』

❷ 聖武天皇の政策

聖武天皇は，仏教の力にたよって国を守ろうとしました。

①国ごとに**国分寺**と**国分尼寺**を建てた。

◻ 国分寺

②都の東大寺に**大仏**をつくらせた。

大仏づくりに参加した行基は，一般の人々に仏教を布教したよ。

くらべる
ポイント

正倉院の宝物と西アジアの品物

２つの容器はとても似ているよ。

▲正倉院のガラス碗

▲西アジアのガラス碗

西アジアの品物が，日本にもたらされたことがわかります。

解答p.3

1 次の◻︎にあてはまる語句を，下の⫶⫶の中から選びましょう。

741年

(1) 唐の制度や文化を学ぶため，何度も _____ が派遣されました。

(2) 東大寺の _____ という倉庫には，シルクロードを通ってもたらされた宝物がおさめられました。

(3) 奈良時代，日本の歴史をまとめた『_____』や『日本書紀』がつくられました。

(4) _____ は，仏教の力にたよって国を守ろうと，国ごとに国分寺と国分尼寺を建て，東大寺には大仏をつくらせました。

> 正倉院　　　　遣唐使　　　　聖武天皇　　　　古事記

2 次の問いに答えましょう。

(1) 奈良時代に栄えた，仏教や唐の影響を受けた国際色豊かな文化を何といいますか。

(2) 天皇や貴族だけでなく，防人や農民の歌もおさめられた和歌集を何といいますか。次から1つ選んで，記号を書きましょう。

　ア 『古事記』　　イ 『日本書紀』　　ウ 『万葉集』

(3) 右のような大仏がつくられたのは，奈良の何という寺ですか。

コレだけ！

□ 天平文化　　　□ 正倉院　　　□ 聖武天皇　　　□ 国分寺

平安京の成り立ちをおさえよう！

794年，桓武天皇は平安京に都を移しました。このころ，最澄と空海が伝えた新しい仏教が広まりました。やがて，唐がおとろえ，外交関係が変化しました。

平安京ができたころの社会のようすに着目しよう。

① 平安京での政治

桓武天皇は，混乱した政治を立て直そうと，**平安京**に都を移しました。

平安京（京都）
平城京（奈良）

都は奈良から京都に移されたんだね。

● 平安時代のようす ●

東北地方

蝦夷という人々を従わせるため，坂上田村麻呂が**征夷大将軍**に任命されました。

蝦夷は，朝廷の支配に抵抗していたんだ。

唐（中国）

9世紀末，菅原道真の提案で遣唐使が停止されました。唐がほろぶと**宋**が中国を統一しました。

唐
日本

② 唐から伝わった新しい仏教

天台宗

天台宗を伝えた**最澄**は，比叡山に延暦寺を建てました。

延暦寺
平安京

真言宗

真言宗を伝えた**空海**は，高野山に金剛峯寺を建てました。

金剛峯寺
平安京

どちらも山奥にある寺できびしい修行をしたのよ。

見てわかる **資料集**

東北地方への支配の広がり

北の方にも朝廷が城や柵を設置したことがわかるね。朝廷の支配が広がったんだ。

坂上田村麻呂が大軍を率いて，とくに抵抗の激しかった胆沢地方を支配したよ。

城や柵
秋田城
胆沢城
出羽
陸奥
多賀城
越後

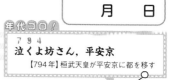
1 次の ◯ にあてはまる語句を，下の ┊┈┈┊ の中から選びましょう。

(1) 794年，桓武天皇は京都の [　　　　　　] に都を移しました。

(2) 征夷大将軍に任じられた [　　　　　　] は，東北地方の蝦夷と戦いました。

(3) 唐の勢力が急速におとろえたため，[　　　　　　] の提案により，遣唐使の派遣（はけん）が停止されました。

(4) 唐にわたった最澄は，日本に [　　　　　　] を伝えました。

┊┈┈┈┈┈┈┈┈┈┈┈┈┈┈┈┈┈┈┈┈┈┈┈┈┈┈┈┈┈┈┈┊
　　　坂上田村麻呂　　　菅原道真　　　天台宗　　　平安京
┊┈┈┈┈┈┈┈┈┈┈┈┈┈┈┈┈┈┈┈┈┈┈┈┈┈┈┈┈┈┈┈┊

2 次の問いに答えましょう。

(1) 混乱した政治を立て直すため，平安京に都を移した天皇はだれですか。

[　　　　　　]

(2) 唐がほろびたあと，中国を統一した王朝を何といいますか。次から１つ選んで，記号を書きましょう。

ア 隋（ずい）　　イ 漢（かん）　　ウ 宋　　エ 魏（ぎ）

[　　　　　　]

(3) 真言宗を伝え，高野山に金剛峯寺を建てた人物はだれですか。

[　　　　　　]

┏━━━━━━━━━━━━━━━━━━━━━━━━━━━━━━━━━━┓
┃ コレだけ！
┃ □ 桓武天皇　　□ 平安京　　□ 天台宗　　□ 真言宗
┗━━━━━━━━━━━━━━━━━━━━━━━━━━━━━━━━━━┛

摂関政治をおさえよう！

平安時代（へいあんじだい），藤原氏（ふじわらし）が勢力をのばし，政治の実権をにぎりました。藤原氏の政治が行われたころ，日本の風土や生活にあった文化が栄えました。

藤原氏はどうやって実権をにぎったのかな。

❶ 藤原氏の摂関政治（せっかんせいじ）

藤原氏は，娘（むすめ）を天皇（てんのう）のきさきにし，その子を天皇にたてることで，勢力をのばしました。

天皇を補佐する摂政（ほさ・せっしょう）・関白（かんぱく）の役職につき，実権をにぎり，摂関政治を行いました。

摂関政治は，藤原道長（ふじわらのみちなが）とその子・藤原頼通（ふじわらのよりみち）のころに最も安定しました。

▼藤原道長

❷ 国風文化（こくふうぶんか）

平等院鳳凰堂（びょうどういんほうおうどう）は，藤原頼通がつくったんだね。

国風文化

摂関政治のころ，唐風（とうふう）の文化をもとにして，日本の風土や生活にあった**国風文化**が栄えました。文学作品には，**かな文字**が使われました。

このころの貴族は，寝殿造（しんでんづくり）でつくられたやしきに住んでいたよ。

このころの書物

和歌集…『**古今和歌集**（こきんわかしゅう）』（紀貫之（きのつらゆき））
物語……『**源氏物語**（げんじものがたり）』（紫式部（むらさきしきぶ））
随筆（ずいひつ）……『**枕草子**（まくらのそうし）』（清少納言（せいしょうなごん））

浄土信仰（じょうどしんこう）

阿弥陀如来（あみだにょらい）にすがり，極楽（ごくらく）浄土（じょうど）へ生まれ変わることを願う**浄土信仰**が広まりました。
宇治（うじ）（京都府（きょうとふ））には，**平等院鳳凰堂**がつくられました。

見てわかる
資料集

かな文字

漢字を変形させてひらがなやカタカナが生まれたよ。

安 → 安 → あ
阿 → 阿 → ア

日本語の発音を表せるようにくふうしました。

月　日

年代ゴロ！
１０　１６
一同礼！ スゴイ貫禄，藤原道長
【1016年】藤原道長が摂政になる
1016年

①章

古代までの日本

① 次の □ にあてはまる語句を，下の ┈┈ の中から選びましょう。

(1) 娘を天皇のきさきにして勢力をのばした □□□□□ は，摂政や関白の役職について政治の実権をにぎりました。

(2) 摂政や関白が中心となって行われた政治を □□□□□ といいます。

(3) 平安時代，唐の文化をもとにして，日本の風土や生活にあった □□□□□ が栄えました。

(4) 念仏を唱えて死後に極楽浄土へ生まれ変わることを願う □□□□□ が人々に広まり，平等院鳳凰堂がつくられました。

┌─────────────────────────────────────┐
│　摂関政治　　　　藤原氏　　　　国風文化　　　　浄土信仰　│
└─────────────────────────────────────┘

② 次の問いに答えましょう。

(1) 平安時代，摂関政治を行い，右の歌をよんだ人物はだれですか。 □□□□□

> この世をば　わが世とぞ思う
> 望月の　欠けたることも
> なしと思えば

(2) 右のように漢字を変形させて，日本語の発音を表せるようにした文字をまとめて何といいますか。 □□□□□

> 安→安→あ
> 阿→了→ア

(3) 国風文化が栄えたころ，紀貫之がまとめた和歌集を何といいますか。次から１つ選んで，記号を書きましょう。 □□□□□

ア 『枕草子』　　イ 『万葉集（まんようしゅう）』

ウ 『古今和歌集』　　エ 『源氏物語』

コレだけ！

□ 摂関政治　　□ 藤原道長　　□ 国風文化　　□ かな文字

確認テスト

解答p.4

/100点

1 次の問いに答えましょう。（6点×3）　▶ステージ **1** **2**

(1) 約700万年前から600万年前のアフリカに出現した最古の人類を，次から1つ選んで，記号を書きましょう。

ア　猿人　　　イ　新人　　　ウ　原人

(2) 右の**A**の写真のピラミッドがつくられた古代文明を，次から1つ選んで，記号を書きましょう。

ア　メソポタミア文明　　　イ　インダス文明
ウ　エジプト文明　　　エ　中国文明

A

(3) 秦の始皇帝が，北方の遊牧民族の侵入を防ぐために築いた右の**B**の城壁を何といいますか。

B

2 次の問いに答えましょう。（6点×5）　▶ステージ **5** **7** **8** **10**

(1) 5世紀ごろ大陸から移り住み，漢字や仏教を伝えた人々を何といいますか。

(2) 律令によって定められた，6歳以上の人に口分田を与え，死ぬと国に返すとしたきまりを何といいますか。

(3) 律令制の下，人々に課せられていた負担のうち，労役のかわりに布を都に運んでおさめるものを，次から1つ選んで，記号を書きましょう。

ア　租　　　イ　庸　　　ウ　調　　　エ　防人

(4) 奈良時代にまとめられた日本最古の和歌集を，次から1つ選んで，記号を書きましょう。

ア　『古今和歌集』　　　イ　『古事記』
ウ　『日本書紀』　　　エ　『万葉集』

(5) 平安時代に実権をにぎった藤原氏が，天皇の補佐役としてついた役職を2つ書きましょう。

3 次の文章を読んで，あとの問いに答えましょう。(7点×4) ステージ **3 4 5**

縄文時代には，人々は狩りや採集を行い，生活していました。木の実の煮たきをするために，**a縄文土器**が使われていました。やがて大陸から稲作が伝わると，社会のしくみが変化し，**b人々を支配する王や豪族が現れる**ようになりました。
3世紀になると，**c近畿地方の有力な豪族たち**が広い範囲を支配するようになり，各地に**d巨大な古墳**がつくられました。

(1) 文中の下線部**a**について，このころの人々が，食べ物の
残りかすなどを捨てた場所を何といいますか。

(2) 文中の下線部**b**について，3世紀に邪馬台国をおさめていた女王卑弥呼が使いを
送った国はどこですか。次から1つ選んで，記号を書きましょう。

ア 隋　　イ 唐　　ウ 魏　　エ 漢

(3) 文中の下線部**c**と王がつくった
政権は何とよばれましたか。

(4) 文中の下線部**d**について，古墳の周りにおかれた右のような土製品を何といいますか。

4 右の年表を見て，次の問いに答えましょう。((3)は12点，他は6点×2) ステージ **6 8**

(1) 年表中の**A**について，聖徳太子の説明を，
次から1つ選んで，記号を書きましょう。

ア 公地・公民の方針を示した。
イ 冠位十二階の制度を定めた。
ウ 平等院鳳凰堂をつくった。
エ 遣唐使の派遣を停止した。

年代	おもなできごと
593	聖徳太子が摂政となる…A
645	大化の改新が始まる……B
752	奈良の大仏がつくられる………………C

(2) 年表中の**B**について，大化の改新を行った人物を，次から2つ選んで，記号を書きましょう。

ア 蘇我入鹿　　　イ 小野妹子
ウ 中大兄皇子　　エ 中臣鎌足

(3) 年表中の**C**について，聖武天皇が大仏をつくったのはなぜですか。「仏教」という語句を使って，簡単に書きましょう。

27

課題提出

1章 古代までの日本

●むかしの人々のくらし…

縄文時代
- 縄文土器を使い，農耕や狩猟が中心。
- たて穴住居に住んでいた。

弥生時代
- 稲作と青銅器などの金属器が広がった。
- 小さな国々ができ，争いが起こった。

古墳時代
- 大和政権が勢力を広げた。
- 王や豪族の古墳がつくられた。

●政治の実権をにぎった人物…

飛鳥時代 聖徳太子
十七条の憲法や，冠位十二階の制度を定めた。

奈良時代 聖武天皇
仏教の力で国を守ろうと，東大寺に大仏をつくった。

平安時代 藤原道長
摂関政治を行う藤原氏の栄華を築いた。

この世をば わが世とぞ思う 望月の 欠けたることも なしと思えば

古代をクリア！

次の時代へ進もう

2章 中世の日本

鎌倉時代～室町時代

この時代の課題

● 中世に起こった戦いをまとめよう！

● 中世に栄えた文化を調べよう！

武士の成長をつかもう!

10世紀になると，戦いの技術に優れた武士が登場しました。やがて武士は，政治を動かすほどの大きな力をもつようになりました。

武士はどのようにして力をつけたのかしら。

❶ 武士の登場

弓や馬などの技術に優れた地方の豪族（ごう ぞく）が**武士**として成長し，やがて，家来を従えて，**武士団**をつくりました。

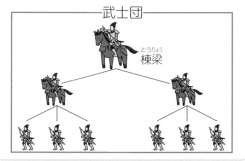
武士団
棟梁（とうりょう）

朝廷（ちょうてい）は，各地で反乱を起こす武士を，別の武士団を使って，おさえました。

平将門の乱（たいらのまさかど らん）
藤原純友の乱（ふじわらのすみとも らん）

東北地方（とうほく ちほう）では，奥州藤原氏（おうしゅうふじわら し）という一族が力をもち，中尊寺（ちゅうそんじ）金色堂（こんじきどう）を建てたんだよ。

❷ 院政と武士の関わり

朝廷では，**白河天皇**（しらかわてんのう）が，位をゆずって**上皇**（じょうこう）になったあとも政治の実権をにぎる，**院政**（いんせい）を始めました。

その後，**保元の乱**（ほうげん らん）と**平治の乱**（へいじ らん）という朝廷の内乱が起こりました。この内乱は，武士どうしの戦いによって決着しました。

平氏（へい し）　源氏（げん じ）

天皇や上皇も武士の力を利用したんだね。

見てわかる 資料集

武士の荘園支配（しょうえん し はい）

武士は農民を支配して，年貢（ねん ぐ）を集めていたんだ。

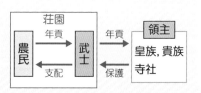

荘園
農民　年貢→　武士　年貢→　領主　皇族，貴族，寺社
　　←支配　　　←保護

さらに武士は年貢を，貴族や寺社におさめて，領地を保護してもらっていたよ。

解いてみよう！

年代ゴロ！
10 8 6
当然やろうよ，院政を
【1086年】白河上皇が院政を始める

1086年

1 次の☐にあてはまる語句を，下の⌐¬の中から選びましょう。

(1) 武士の中には家来を従え ☐ をつくる者も現れました。

(2) 東北地方では， ☐ という一族が力をもちました。

(3) 武士は，荘園の農民から ☐ を集め，貴族や寺社におさめて，
領地を保護してもらっていました。

(4) ☐ は，上皇になり，院政を始めました。

武士団	白河天皇	奥州藤原氏	年貢

2 次の問いに答えましょう。

(1) 奥州藤原氏が建てた建物を，次から1つ選んで，記号を書きましょう。

　ア　中尊寺金色堂　　イ　法隆寺
　ウ　平等院鳳凰堂　　エ　東大寺

☐

(2) 白河天皇は，天皇の位をゆずったあと，上皇として政治の実権をにぎりました。
この政治を何といいますか。

☐

(3) (2)の政治が行われている中，朝廷で起こった内乱を，次から2つ選んで，記号を
書きましょう。

☐ ☐

　ア　保元の乱　　イ　平将門の乱
　ウ　平治の乱　　エ　壬申の乱

コレだけ！

☐ 武士団　　☐ 院政　　☐ 保元の乱　　☐ 平治の乱

源平の争乱をおさえよう！

1159年，平治の乱で源氏を破った平清盛は，政治の実権をにぎり，平氏の一族を繁栄させました。しかし，地方の武士には，不満をもつ者がいました。

平氏の発展から源氏との対立，滅亡までに着目しよう。

❶ 平清盛と平氏の栄華

源氏を破った**平清盛**は，後白河上皇の院政を助け，武士として初めて**太政大臣**になりました。

清盛は，娘を天皇のきさきにして，政治の実権をにぎり，一族を繁栄させました。

天皇　娘

藤原氏の実権のにぎり方と似ているね。

航路を整え，港を整備し，中国の**宋**と**日宋貿易**を行いました。

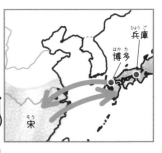

兵庫　博多　宋

❷ 源平の争乱

思い通りに政治を進める平氏に反発する武士が増え，源氏を中心に兵を挙げました。

打倒平氏!!

源氏は，平治の乱で敗れて，地方に流刑になっていたのよ。

源頼朝は**源義経**に命じて，平氏を攻撃しました。義経は壇ノ浦の戦いで，平氏をほろぼしました。

見てわかる 資料集

源氏と平氏の勢力範囲（1183年*）

＊源平の争乱の最中

□ 源氏の勢力
■ 平氏の勢力

壇ノ浦　福原　京都　鎌倉

源頼朝は，鎌倉を拠点として関東地方を支配したよ。

解答p.5

月　日

年代ゴロ！
１１８５
いいやご無念！　壇ノ浦
【1185年】壇ノ浦の戦いで平氏ほろびる

1185年

②章

中世の日本

1 次の＿＿にあてはまる語句を，下の┄┄の中から選びましょう。

(1) 源氏を破った ＿＿＿＿＿＿ は，武士として初めて太政大臣となり，政治の実権をにぎりました。

(2) (1)は，航路を整え，港を整備し，＿＿＿＿＿＿ を行いました。

(3) 思い通りに政治を進める平氏に反発する者が増え，＿＿＿＿＿＿ や源義経が兵を挙げました。

(4) 源義経は，＿＿＿＿＿＿ で，平氏をほろぼしました。

> 源頼朝　　　平清盛　　　日宋貿易　　　壇ノ浦の戦い

2 次の問いに答えましょう。

(1) 平清盛は，武士として初めて＿＿に任命されました。＿＿にあてはまる役職を，次から1つ選んで，記号を書きましょう。

ア 摂政（せっしょう）　　イ 関白（かんぱく）
ウ 太政大臣　　　エ 征夷大将軍（せいいたいしょうぐん）

(2) 平清盛が貿易を行った中国の王朝を何といいますか。

(3) 壇ノ浦の戦いが起こった場所を，右の地図中のア〜エから1つ選んで，記号を書きましょう。

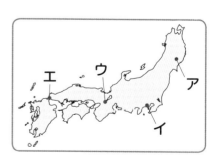

コレだけ！
□ 平清盛　　□ 日宋貿易　　□ 源頼朝　　□ 源義経

鎌倉幕府のしくみをおさえよう!

1192年に征夷大将軍に任命された 源 頼朝は,武士を中心とした政治制度を整えました。頼朝の死後は,北条氏が権力をにぎるようになりました。

鎌倉幕府は,武士をどうやって支配したのかな。

❶ 鎌倉幕府のしくみ

平氏をほろぼした源頼朝は,**鎌倉幕府を**開きました。1192年には,**征夷大将軍に**任命されました。

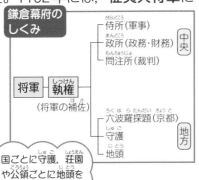

鎌倉幕府のしくみ

- 中央
  - 侍所(軍事)
  - 政所(政務・財務)
  - 問注所(裁判)
- 将軍 ─ 執権(将軍の補佐)
- 地方
  - 六波羅探題(京都)
  - 守護
  - 地頭

国ごとに守護,荘園や公領ごとに地頭をおいたよ。

頼朝は,将軍に忠誠を誓った武士(御家人)と主従関係を結びました。

将軍 領地を保護する 御恩 奉公 御家人 将軍のために戦う

❷ 北条氏による政治

執権政治

頼朝の死後,**執権に**ついた**北条氏**が実権をにぎりました。

将軍 執権

承久の乱

朝廷の力を取りもどそうと,**後鳥羽上皇**が挙兵しましたが,幕府軍に敗れました。

頼朝の妻・北条政子が御家人の結束を訴えたのよ。

御成敗式目の制定

執権の**北条泰時**は,武士の独自の法をつくりました。

一 守護の職務は,京都の警備や犯罪人の取りしまりである 〈部分要約〉

見てわかる 資料集

承久の乱の結果

京都に六波羅探題をおいて,朝廷の監視などをさせたよ。

北条氏がおさめた国
承久の乱後の幕府の勢力
六波羅探題
京都
鎌倉幕府

西日本まで領地を広げ,幕府の支配を固めました。

解答p.5

年代ゴロ！
1　2 2 1
一気に不意打ち，承久の乱
【1221年】承久の乱が起こる

1221
年

1 次の　　　　にあてはまる語句を，下の　　　　の中から選びましょう。

(1) 鎌倉幕府の将軍と御家人は，御恩と　　　　　　　　　　の関係で結ばれていました。

(2) 源頼朝の死後，　　　　　　　　　　についた北条氏が実権をにぎりました。

(3) 後鳥羽上皇は朝廷の勢力の回復をねらって　　　　　　　　　　を起こしましたが，幕府軍に敗れました。

(4) 北条泰時は，武士による独自の法である　　　　　　　　　　を定めました。

奉公	執権	御成敗式目	承久の乱

2 次の問いに答えましょう。

(1) 次の文の　①　・　②　にあてはまる語句を書きましょう。

　●源頼朝は，国ごとに　①　，荘園や公領ごとに　②　をおきました。

　　　　　①　　　　　　　　　　②

(2) 右下の図は，将軍と御家人の主従関係です。**X**にあてはまる内容を，次から1つ選んで，記号を書きましょう。

　ア　朝廷の監視を行う。

　イ　戦いの時に，命をかけて戦う。

　ウ　領地を保護し，新しい領地を与える。

鎌倉時代の人々の生活

武士の生活をつかもう！

鎌倉時代の武士は，地頭として，荘園や公領をおさめていました。農民のくらしも，農業技術の進歩により，変化していきました。

武士はどうやって農民を支配していたのかな。

1 武士の生活

荘園や公領の地頭に任命され，土地をおさめていました。やがて，勝手に土地を支配する地頭も現れました。

荘園領主　地頭

農民

農民は荘園領主と地頭に二重に支配されていたんだね。

戦いに備えて，武芸で心身をきたえる「弓馬の道」という心構えが育ちました。

2 民衆の生活

二毛作

牛馬による耕作や二毛作などが行われるようになりました。

春　麦　秋　稲

商品作物

原料や商品として売る商品作物も栽培されるようになりました。

桑　茶

定期市

交通の便利なところでは，定期市が開かれるようになりました。

米や布などの商品が売られたよ。

くらべるポイント

貴族の館と武士の館

貴族の館　　武士の館

武士の館には，戦いに備えた堀や柵が見られるよ。

年代ゴロ！
1　2 3 2
一度に三人，御成敗
【1232年】北条泰時が御成敗式目を定める

1232年

2章 中世の日本

1 次の☐にあてはまる語句を，下の┈┈┈の中から選びましょう。

(1) 武士は，｜　　　　　　　　　｜に任命され，荘園や公領をおさめていました。

(2) 武士は，戦いに備えて，日ごろから武芸で心身をきたえたことから，

「｜　　　　　　　｜」とよばれる武士の心構えが育ちました。

(3) 桑や茶など，原料や商品として売る｜　　　　　　　｜も栽培されるようになりました。

(4) 交通の便利なところには｜　　　　　　　｜が開かれ，米や布が販売されました。

┈┈┈┈┈┈┈┈┈┈┈┈┈┈┈┈┈┈┈┈┈┈┈┈┈┈┈┈┈┈┈┈┈
弓馬の道　　　　　地頭　　　　　商品作物　　　　　定期市
┈┈┈┈┈┈┈┈┈┈┈┈┈┈┈┈┈┈┈┈┈┈┈┈┈┈┈┈┈┈┈┈┈

2 次の問いに答えましょう。

(1) 鎌倉時代の農民のようすとして正しいものを，次から1つ選んで，記号を書きましょう。

｜　　　　｜

　ア　地頭と荘園領主に二重に支配されていた。

　イ　地頭に任命され，勝手に土地を支配していた。

　ウ　朝廷から，荘園領主に任命されていた。

(2) 同じ田畑で，米と麦を交互につくる栽培方法を何といいますか。

｜　　　　　　　｜

コレだけ！
☐ 二毛作　　　☐ 商品作物　　　☐ 定期市

鎌倉文化の特色をつかもう！

鎌倉時代，武士や民衆の力がのびてくるとともに，鎌倉文化が生まれました。また，いくつもの新しい仏教が人々に広まりました。

新しい仏教の共通点に着目しよう。

❶ 鎌倉文化

武士や民衆の力が強まったことから，親しみがあり，力強い印象の文化が生まれました。

東大寺南大門の
金剛力士像
（運慶・快慶ら）

【このころの書物】
和歌集…『新古今和歌集』（藤原定家ら）
随筆集…『方丈記』（鴨長明）
　　　　『徒然草』（兼好法師）
軍記物…『平家物語』

『平家物語』は，琵琶法師が語り伝えて，人々に広めたのね。

❷ 新しく生まれた仏教

宗派	開祖・伝えた人	特色
浄土宗	法然	「南無阿弥陀仏」の念仏を唱えれば，だれでも極楽浄土に生まれ変われる。
浄土真宗	親鸞	
時宗	一遍	
日蓮宗（法華宗）	日蓮	「南無妙法蓮華経」の題目を唱えれば，救われる。
禅宗	栄西 道元	宋から伝わる。座禅を組んでさとりを開く教え。

庶民にも広がっていたんだね。

くらべるポイント

平安時代の仏教と
鎌倉時代の仏教
山奥にこもってきびしい修行をしていたよ。

平安 天台宗や真言宗　鎌倉 禅宗や浄土宗

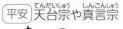

座禅や念仏は，だれにでもわかりやすく，実行しやすかったんだ。

解いてみよう！

解答p.5

1 次の◻にあてはまる語句を，下の◻の中から選びましょう。

(1) 鎌倉時代には，東大寺南大門の[　　　　　　　　　]のように，親しみがあり，力強い印象の文化が生まれました。

(2) 琵琶法師は『[　　　　　　　　]』を語り伝え，人々に広めました。

(3) 法然は[　　　　　　　]を開き，「南無阿弥陀仏」と念仏を唱えれば，だれでも極楽浄土に生まれ変われると説きました。

(4) 栄西や道元は，座禅を組んでさとりを開く[　　　　　　　　]を宋から伝えました。

> 浄土宗　　　禅宗　　　平家物語　　　金剛力士像

2 次の問いに答えましょう。

(1) 右の彫刻をつくった人物を，次から1つ選んで，記号を書きましょう。[　　　]

　ア　紀貫之　　　イ　運慶

　ウ　鴨長明　　　エ　兼好法師

(2) 親鸞が開いた仏教の宗派を何といいますか。[　　　　　　　]

(3) 栄西や道元は，[　　]にわたり，禅宗を日本に伝えた。[　　]にあてはまる中国の王朝を何といいますか。[　　　　　　　]

コレだけ！

□ 金剛力士像　　　□ 平家物語　　　□ 法然　　　□ 浄土真宗

元寇についておさえよう!

13世紀，中国を支配したフビライが日本に攻めてきました。元寇のあと，御家人の生活が苦しくなり，幕府への不満が高まりました。

フビライはなぜ日本に攻めてきたのかな。

❶ モンゴルの襲来

モンゴル帝国の皇帝の**フビライ・ハン**は，中国を支配し，**元**と名付けました。

フビライは，日本に従うように要求しましたが，執権の**北条時宗**がこれを拒否しました。

元軍は，九州北部に2度にわたり攻めてきました（**元寇**）。しかし暴風雨などの影響で撤退しました。

1度目の襲来を文永の役，2度目の襲来を弘安の役というのよ。

❷ 鎌倉幕府の滅亡

元寇のあと，領地の分割相続などが原因で，御家人の生活が苦しくなり，やがて幕府に不満をもつようになりました。

> 御家人の領地の質入れや売買は禁止する。
> 庶民が御家人から買った土地は，返却すること。
> 〈部分要約〉

幕府は御家人を助けるため徳政令を出したけど，あまり効果はなかったんだ。

後醍醐天皇が，**足利尊氏**などを味方につけ，鎌倉幕府をほろぼしました。

後醍醐天皇

足利尊氏

見てわかる
資料集

元軍との
戦い

元軍は，集団で火薬の武器を使っているよ。

幕府軍は馬に乗って戦っているよ。

年代ゴロ！
1　　2 7 4
いきなり船酔い，文永の役
【1274年】文永の役が起こる

1274
年

解いて みよう！

解答p.6

1 次の□にあてはまる語句を，下の□の中から選びましょう。

(1) モンゴル帝国の皇帝 [　　　　　　　] は，日本に従うように要求
しました。

(2) 幕府が，フビライの要求を拒否したため，元軍が2度にわたって攻めてきました。
これを [　　　　　　] といいます。

(3) 幕府は，経済的に苦しむ御家人を助けようと [　　　　　　] を出しました
が，効果はありませんでした。

(4) 足利尊氏などを味方につけた [　　　　　　] は，鎌倉幕府をほろぼし
ました。

> 後醍醐天皇　　　　フビライ・ハン　　　　徳政令　　　　元寇

2 次の問いに答えましょう。

(1) フビライの要求を退けた鎌倉幕府の執権はだれですか。

[　　　　　　]

(2) 次の文の ① ・ ② にあてはまる語句を書きましょう。

●元による1度目の襲来を ① ，2度目の襲来を ② といいます。

① [　　　　　　]

② [　　　　　　]

(3) 右は，モンゴル軍との戦いのようすを
えがいたものです。幕府軍は，X・Yの
どちらですか。

[　　　　　　]

コレ だけ！

□ フビライ・ハン　　　□ 元寇　　　□ 徳政令　　　□ 後醍醐天皇

室町幕府のしくみをおさえよう！

鎌倉幕府がほろびたあと，後醍醐天皇は建武の新政を始めましたが，武士の不満が高まりました。後醍醐天皇と足利尊氏は対立し，朝廷は南朝と北朝に分かれました。

なぜ武士の不満が高まったのかしら。

❶ 後醍醐天皇の建武の新政

後醍醐天皇は，**建武の新政**を始め，貴族を重視する政策を進めました。

武士

貴族

不満をもった足利尊氏は，京都に新しい天皇を立てました（北朝）。

後醍醐天皇の政治はすぐにくずれたんだね。

後醍醐天皇は吉野に逃れ（南朝），2人の天皇が争う**南北朝時代**が約60年続きました。

北朝（京都）

南朝（吉野）

❷ 室町幕府の発展

1338年

足利尊氏は，北朝から征夷大将軍に任命され，**室町幕府**を開きました。

1392年

3代将軍**足利義満**は，争っていた北朝と南朝を統一させました。

南朝　　北朝

室町幕府がおかれた時代を室町時代というよ。

見てわかる資料集

室町幕府のしくみ

将軍を補佐する役職に管領がおかれたよ。

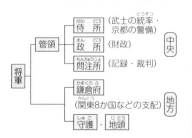

			侍所	（武士の統率・京都の警備）	中央
将軍	管領		政所	（財政）	
			問注所	（記録・裁判）	
			鎌倉府	（関東8か国などの支配）	地方
			守護・地頭		

守護は，強い力をもつようになり**守護大名**として地方を支配するようになったんだ。

解いて みよう！　　解答p.6

1 次の◯◯にあてはまる語句を，下の◯◯の中から選びましょう。

(1) 後醍醐天皇が始めた　　　　　　　　　は，貴族を重視する政策を進めた
ため武士の不満が高まりました。

(2) 足利尊氏が京都に立てた北朝と，吉野に逃れた後醍醐天皇の南朝の，2つの朝廷
が争う　　　　　　　　時代が約60年続きました。

(3) 1338年，足利尊氏は征夷大将軍に任命され，　　　　　　　　を開きました。

(4) 3代将軍　　　　　　　　は，争っていた南北朝を統一しました。

> 室町幕府　　　足利義満　　　建武の新政　　　南北朝

2 次の問いに答えましょう。

(1) 武士たちが後醍醐天皇の政治に不満をもった理由を，次から1つ選んで，記号を
書きましょう。

ア　仏教の力で国をおさめようとしたから。

イ　貴族を重視する政策を進めたから。

ウ　都を移そうとしたから。

(2) 右の図は室町幕府のしくみを示しています。図
中の**X**にあてはまる，将軍を補佐する役職を何と
いいますか。

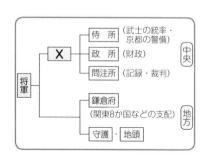

コレだけ！

□ 建武の新政　　□ 足利尊氏　　□ 足利義満　　□ 守護大名

室町時代の生活をおさえよう！

室町時代，商業が活発になり，各地で都市が発達しました。農村も力をもつようになりました。また，諸外国と貿易も活発に行われていました。

室町時代の東アジアのようすに着目しよう。

❶ 室町時代の人々の生活

都市のようす

商業が発達し，同業者ごとに座をつくり，営業を独占しました。

馬で物資を運ぶ馬借や，金融業者の土倉・酒屋が活躍したのね。

農村のようす

有力な農民が惣とよばれる自治組織をつくり，おきてを定めました。土一揆を起こして，借金の帳消しを求めました。

> 一　集会に二度出席しなかった者は五十文のばつを与える。
> 一　森林の苗木を切った者は五百文のばつを与える。　〈部分要約〉

❷ 室町時代の外交

明

日明貿易（勘合貿易）が行われ，日本は銅銭や生糸を輸入しました。

銅銭
生糸

朝鮮国

李成桂が建国した国。日本は，綿織物や仏教の経典を輸入しました。

琉球王国

尚氏が建国した国。東南アジアにも船を送り，中継貿易で栄えました。

朝鮮国
日本
明
琉球王国

琉球王国はいろいろな国と貿易を行っていたんだね。

見てわかる
資料集

日明貿易の勘合

正式な貿易船には，勘合という証明書が与えられたんだ。

明へ

本字壹號

本字壹號

日本へ

当時，海賊行為を行っていた倭寇と区別するためのくふうです。

解いてみよう！ 解答p.6

1 次の □ にあてはまる語句を，下の ⌐ ⌐ の中から選びましょう。

(1) 都市では，商人や手工業者が，同業者の組合である □□□□□ をつくり，営業を独占しました。

(2) 農村では有力者を中心に □□□□□ をつくり，自治を行うようになりました。

(3) 農民は，借金の帳消しを求めて □□□□□ を起こしました。

(4) 尚氏が建国した □□□□□ は，さまざまな国と産物をやりとりする中継貿易で栄えました。

⌐ ──────────────────────────────── ⌐
　　　　琉球王国　　　　　上一揆　　　　　座　　　　　惣
⌐ ──────────────────────────────── ⌐

2 次の問いに答えましょう。

(1) 室町時代に活躍した，馬を用いて物資を運ぶ業者を何といいますか。

(2) 右の資料は，明との貿易で用いられた証明書です。これを何といいますか。

本字壹号

(3) (2)の証明書は，海賊行為を行っていた □ と正式な貿易船を区別するために用いられました。□ にあてはまる語句を書きましょう。

┌─ コレ だけ！ ──────────────────────────────────
│ □ 惣　　　　□ 日明貿易（勘合貿易）　　　□ 倭寇　　　□ 琉球王国
└──

戦乱の広がりをおさえよう！

1467年，京都で応仁の乱が起こると，戦乱が広がりました。下剋上の風潮が生まれ，各地に戦国大名が登場しました。

戦乱はどこまで広がったのかな。

1 戦乱の広がり

応仁の乱

8代将軍足利義政のあとつぎをめぐり，有力な守護大名が対立しました。

細川氏　山名氏
この戦乱は京都から全国に広がったよ。

山城の国一揆

武士と農民が協力し，山城の守護大名を追い払いました。

加賀の一向一揆

浄土真宗を信仰する武士や農民が，加賀の守護大名を追い払いました。

▲一向一揆の旗

2 戦国大名の登場

戦乱が広がると，下剋上の風潮が広がりました。

家臣が

実力で　主君をたおす

戦国大名が各地に登場し，領地をめぐって争いをくり広げました。この時代を**戦国時代**といいます。

おもな戦国大名の勢力

戦国大名は城を築いて，その周辺に城下町をつくったのよ。

見てわかる 資料集

戦国大名による支配

― けんかをした者は，いかなる理由による者でも処罰する。
― 許可を得ないで他国へおくり物や手紙を送ることは一切禁止する。
〈部分要約〉

戦国大名は，独自の**分国法**を定めて武士や人々を支配しました。

解いてみよう！

解答p.6

年代ゴロ！
　1　4　　6　7
人よんで，むなしい応仁の乱
【1467年】応仁の乱が起こる

1467年

1 次の□□□にあてはまる語句を，下の□□□の中から選びましょう。

(1) 8代将軍足利義政のあとつぎをめぐって，［　　　　　　　　　］が起こり，戦乱が全国に広がりました。

(2) 加賀では，浄土真宗を信仰する武士や農民が守護大名を追い払う［　　　　　　　　　］が起こりました。

(3) 力のある者が，実力で上の身分の者をたおす［　　　　　　　　　］の風潮が全国に広まりました。

(4) 各地の戦国大名は，城の周辺に［　　　　　　　　　］をつくりました。

> 一向一揆　　　下剋上　　　応仁の乱　　　城下町

2 次の問いに答えましょう。

(1) 室町幕府の8代将軍はだれですか。　［　　　　　　　］

(2) 応仁の乱以後，各地で権力をにぎり，領地を独自に支配した人々を，次から1つ選んで，記号を書きましょう。　［　　　　］

ア　貴族　　　　　イ　守護

ウ　戦国大名　　　エ　天皇

(3) (2)が領地で定めた右のようなきまりを何といいますか。　［　　　　　　　］

> 一　けんかをした者は，いかなる理由による者でも処罰する。
> 〈部分要約〉

コレだけ！

□ 応仁の乱　　□ 足利義政　　□ 下剋上　　□ 分国法

室町時代の文化

室町文化の特色をつかもう！

室町時代，足利義満のころに北山文化，足利義政のころに東山文化が栄えました。庶民にも文化が広がりました。

北山文化と東山文化のちがいに着目しよう。

1 北山文化

　3代将軍足利義満が京都の北山に**金閣**を建てたころ，貴族と武士の文化が融合した文化が栄えました。

観阿弥・世阿弥が，**能**を大成しました。

能は，現代でも親しまれているよね。

2 東山文化

　8代将軍足利義政が京都の東山に**銀閣**を建てたころ，武士をにない手とする簡素で気品のある文化が栄えました。

雪舟は，墨一色で自然を表現する**水墨画**を大成しました。

銀閣には書院造が取り入れられていたのね。

3 民衆への文化の広がり

狂言

　能の合間に，こっけいな狂言が演じられました。

御伽草子

　『一寸法師』など絵入りの物語が読まれました。

見てわかる資料集

書院造

障子やふすまで仕切られ，たたみがしかれているよ。

書院造は，現代の和風建築のもとにもなっています。

解答p.7

歴史ゴロ！
北（山文化）　東（山文化）
来たぞ金閣，通れよ銀閣
北山文化の代表は金閣, 東山文化の代表が銀閣

月　　日

②章

中世の日本

1 次の □ にあてはまる語句を，下の ⋮⋮⋮ の中から選びましょう。

室町文化

(1) 3代将軍足利義満は，京都の北山に ［　　　　　　］ を建てました。

(2) 観阿弥・世阿弥は ［　　　　　　］ を大成しました。

(3) 8代将軍足利義政のころに栄えた，武士をにない手とする簡素で気品のある文化を ［　　　　　　］ といいます。

(4) 民衆の間では，『一寸法師』など ［　　　　　　］ とよばれる絵入りの物語が親しまれました。

> 東山文化　　　金閣　　　御伽草子　　　能

2 次の問いに答えましょう。

(1) 北山文化が栄えたころ，能を大成した人物はだれですか。次から1つ選んで，記号を書きましょう。
［　　　］
ア 運慶　　　イ 兼好法師
ウ 世阿弥　　エ 琵琶法師

(2) 東山文化が栄えたころに雪舟が大成した，墨一色で自然を表現する絵画を何といいますか。
［　　　　　　］

(3) 銀閣に取り入れられた，現代の和風建築のもととなった右のような建築様式を何といいますか。
［　　　　　　］

コレだけ！
□ 金閣　　□ 能　　□ 銀閣　　□ 書院造　　□ 水墨画

確認テスト

解答p.7

/100点

1 次の問いに答えましょう。（6点×4）

ステージ 12 13 15

(1) 武士として初めて太政大臣に任命され，日宋貿易を行った人物を，次から１つ選んで，記号を書きましょう。

ア 源頼朝　　イ 平清盛
ウ 北条時宗　　エ 足利義政

(2) 右の図は，鎌倉幕府のしくみを示しています。図中の X にあてはまる，将軍を補佐する役職を何といいますか。

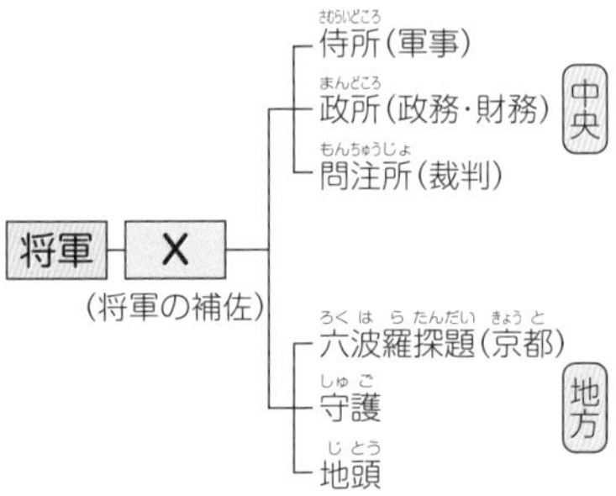

将軍
X
(将軍の補佐)
侍所(軍事)
政所(政務・財務)
問注所(裁判)
中央
六波羅探題(京都)
守護
地頭
地方

(3) 右の金剛力士像を制作した人物を，次から１つ選んで，記号を書きましょう。

ア 雪舟　　イ 栄西
ウ 世阿弥　　エ 運慶

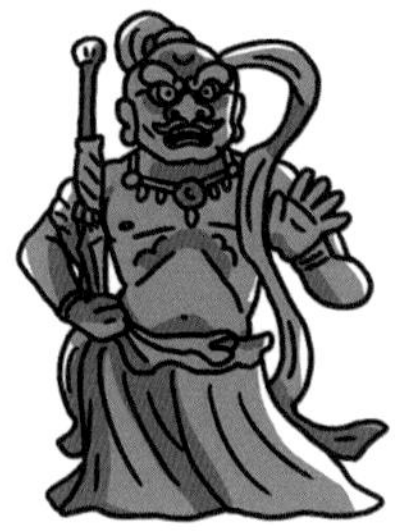

(4) 鎌倉時代に法然が広めた仏教を何といいますか。

2 次の問いに答えましょう。（6点×4）

ステージ 18 19 20

(1) 室町時代の農村で，有力な農民によってつくられた自治組織を何といいますか。

(2) 15世紀初め，尚氏が建国し，東南アジアなどとの中継貿易で栄えた国を何といいますか。

(3) 東山文化のころに大成されたものを，次から１つ選んで，記号を書きましょう。

ア かな文字　　イ 水墨画
ウ 軍記物　　エ 寝殿造

(4) 応仁の乱のあと，実力のある者が，上の身分の者をたおす風潮が全国に広がりました。この風潮を何といいますか。

3 右の年表を見て，あとの問いに答えましょう。(7点×4) ステージ ⑪ ⑬ ⑯

(1) 年表中の（　A　）にあてはまる人物を，次から１つ選んで，記号を書きましょう。

年代	おもなできごと
1086	（　A　）が院政を始める
1221	承久の乱が起こる………B
1274	文永の役 ｝C
1281	弘安の役
	↕ D
1333	鎌倉幕府がほろびる

ア　推古天皇　　　　イ　白河上皇
ウ　後鳥羽上皇　　　エ　桓武天皇

(2) 年表中のBについて，この戦いのあと，朝廷の監視や西日本の武士の統率のために京都に設置された役所を何といいますか。

(3) フビライ・ハンが統一し，年表中のCの戦いで九州北部に攻めてきた中国の王朝を何といいますか。

御家人の領地の質入れや売買は禁止する。
庶民が御家人から買った土地は返却すること。
〈部分要約〉

(4) 右の資料は，年表中のDの間に出された法令です。この法令を何といいますか。

4 次の文章を読んで，あとの問いに答えましょう。(3)は12点，他は6点×2) ステージ ⑰ ⑱ ⑳

　a建武の新政に反発した足利尊氏が，京都に新しい天皇を立てたことから，南北朝時代が始まりました。南北朝の争いは約60年間続いたのち，室町幕府のb３代将軍足利義満によって統一されました。足利義満は，室町幕府のしくみを整え，c明と勘合貿易を行うなど，幕府を繁栄させました。

(1) 文中の下線部aについて，建武の新政を行った人物はだれですか。

(2) 文中の下線部bについて，足利義満が京都に建てたものを，次から１つ選んで，記号を書きましょう。

ア　平等院鳳凰堂　　　イ　中尊寺金色堂
ウ　銀閣　　　　　　　エ　金閣

本字壹號

日字壹號

(3) 文中の下線部cについて，この貿易で，右のような勘合が用いられたのはなぜですか，簡単に書きましょう。

51

2章 中世の日本

●中世の大きな戦い…

源平の争乱

- 源氏と平氏が争いをくり広げた。
- 壇ノ浦の戦いで勝利した源頼朝が鎌倉幕府を開いた。

平氏　源氏

元寇

- モンゴルを統一した元が2度攻めてきた。
- 元寇のあと，武士の不満が高まった。

応仁の乱

- 将軍足利義政のあとつぎをめぐり，守護大名が対立した。
- 下剋上が広まった。

細川氏　山名氏

●中世の文化…

鎌倉時代 **鎌倉文化**

武士の気風を反映した，力強い印象の文化。

金剛力士像

金閣

室町時代 **北山文化**

足利義満のころに栄えた，貴族と武士の文化が融合した文化。

銀閣

室町時代 **東山文化**

足利義政のころに栄えた，簡素で気品のある文化。

中世をクリア！

次の時代へ進もう

3章 近世の日本

安土桃山時代〜江戸時代

この時代の課題

●天下統一までの道のりを調べよう！

●江戸幕府による改革を探ろう！

ヨーロッパの世界進出

中世のヨーロッパをおさえよう！

中世のヨーロッパでは，ルネサンスとよばれる文化が栄えました。ヨーロッパに広がるキリスト教では，宗教改革が始まりました。

なぜ宗教改革が始まったのかな。

① ルネサンス

ローマ教皇のよびかけで，**十字軍**が派遣され，東方の文化がヨーロッパにもちこまれました。一方で**ルネサンス**とよばれる，生き生きとした文化が生まれました。

キリスト教はカトリック教会と正教会に分かれていたよ。

② 宗教改革

ローマ教皇が免罪符を売り出したことを批判し，**ルター**や**カルバン**らは，**宗教改革**を起こしました。ルターらは**プロテスタント**とよばれました。

これを買えば，罪が許されます。

③ 大航海時代

このころ，ヨーロッパの国々が新航路開拓にのりだし，植民地を広げたのよ。

16世紀ごろの世界　　スペインの領土　　ポルトガルの領土

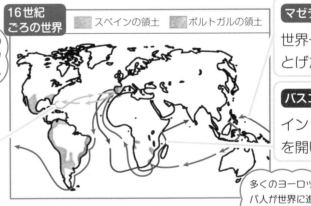

マゼランの船隊
世界一周をなしとげた。

バスコ・ダ・ガマ
インドへの航路を開いた。

コロンブス
アメリカ大陸への航路を開いた。

多くのヨーロッパ人が世界に進出したんだね。

カトリック教会の分裂
イエズス会を中心に海外への布教活動を行ったんだ。

カトリック　　　プロテスタント

プロテスタントとは，「抗議する者」という意味なんだ。

歴史ゴロ！
ルター　　　　　プロテスタント
ルター受けたよ，プロテスト
【宗教改革】ルターはプロテスタントとよばれた

宗教
改革

1 次の　　　にあてはまる語句を，下の　　　の中から選びましょう。

(1) ローマ教皇のよびかけにより，　　　　　　　　　が東方に派遣されました。

(2) ルターやカルバンは，教会を批判し，　　　　　　　　　を起こしました。

(3) ルターなど，カトリック教会に反対した者は，「抗議する者」という意味で

　　　　　　　　　とよばれました。

(4) 　　　　　　　　　は，アメリカ大陸への航路を開きました。

十字軍　　　コロンブス　　　宗教改革　　　プロテスタント
---

2 次の問いに答えましょう。

(1) 中世のヨーロッパで栄えた，生き生きとした文化を何といいますか。

(2) 次の①・②の人物と関係が深い航路を，
右の地図中の**ア～ウ**から1つずつ選んで，
記号を書きましょう。

① マゼラン

② バスコ・ダ・ガマ

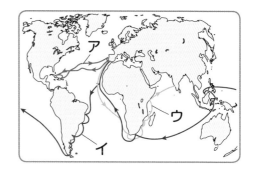

3章

近世の日本

コレだけ！

□ 十字軍　　　□ ルネサンス　　　□ 宗教改革　　　□ コロンブス

南蛮貿易の特色をつかもう！

1543年には，ポルトガル人によって鉄砲(てっぽう)が，1549年には，キリスト教が伝わりました。このあと，日本とヨーロッパの間で南蛮貿易(なんばんぼうえき)が始まりました。

「南蛮」ってどういう意味かしら。

1 鉄砲の伝来

ポルトガル人を乗せた中国船(ちゅうごくせん)が種子島(たねがしま)(鹿児島県(かごしまけん))に漂着(ひょうちゃく)し，日本に**鉄砲**が伝えられました。

堺(さかい)(大阪府(おおさかふ))や国友(くにとも)(滋賀県(しがけん))などで鉄砲がつくられるようになりました。

▲鉄砲

種子島(たねがしま)

戦国大名(せんごくだいみょう)が使うようになり，戦い方が変化したんだ。

2 キリスト教の伝来

イエズス会の宣教師**ザビエル**が来日し，日本にキリスト教を伝えました。その後，宣教師が多く来日し，キリスト教が日本に広まりました。

ヨーロッパへ天正遣欧少年使節(てんしょうけんおうしょうねん しせつ はけん)も派遣されたのよ。

3 南蛮貿易

南蛮人とよばれるポルトガル人やスペイン人と，**南蛮貿易**が行われました。

ポルトガル・スペイン

きいと生糸　ガラス製品
絹織物

日本

銀

ヨーロッパの品物も輸入されたんだね。

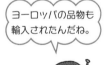

見てわかる 資料集

キリシタンの増加

(年)		
1549〜60	6000人	
1569	1万8000〜2万人	
1579	13万人	
1587	20万人	
1592	21万7500人	
1601	30万人	
1614	37万人	

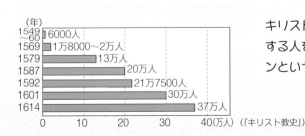

0　10　20　30　40(万人)　『キリスト教史』

キリスト教を信仰(しんこう)する人をキリシタンというよ。

解いてみよう！　　解答p.7

1 次の □ にあてはまる語句を，下の ┈┈ の中から選びましょう。

(1) 1543年，ポルトガル人が乗った中国船が □□□□□□□ に流れ着き，鉄砲が日本に伝わりました。

(2) 1549年，イエズス会の宣教師 □□□□□□□ が来日し，日本にキリスト教を伝えました。

(3) 日本でもキリスト教を信仰する □□□□□□□ が増えました。

(4) ポルトガル人やスペイン人と □□□□□□□ が行われました。

┈┈┈┈┈┈┈┈┈┈┈┈┈┈┈┈┈┈┈┈┈┈┈┈┈┈┈┈┈
　　　種子島　　　　南蛮貿易　　　　ザビエル　　　　キリシタン
┈┈┈┈┈┈┈┈┈┈┈┈┈┈┈┈┈┈┈┈┈┈┈┈┈┈┈┈┈

2 次の問いに答えましょう。

(1) 日本で鉄砲がつくられるようになった都市はどこですか，次から2つ選んで，記号を書きましょう。　　□□ ┊ □□

　ア　種子島　　　イ　鹿児島
　ウ　堺　　　　　エ　国友

(2) キリスト教を伝えたザビエルが所属していた組織を何といいますか。
　　　　　　　　　　　　　　　　　　　　　　□□□□□□

(3) 貿易を行っていたポルトガル人やスペイン人は，何とよばれていましたか。
　　　　　　　　　　　　　　　　　　　　　　□□□□□□

コレだけ！
□ 種子島　　□ ザビエル　　□ 南蛮人　　□ 南蛮貿易

信長と秀吉をおさえよう！

1573年，天下統一をめざした織田信長は，室町幕府をほろぼしました。信長の死後は，家臣の豊臣秀吉が天下統一をなしとげました。

信長と秀吉の政策を比べてみよう。

1 織田信長の政策

商工業を活発にしようとしたんだね。

1573年	1577年	1582年
室町幕府を滅亡させました。	安土城の城下で楽市・楽座を行いました。	本能寺の変で家臣の明智光秀にそむかれ，自害しました。

2 豊臣秀吉の政策

秀吉は，信長の後継者として，天下統一をなしとげたんだ。

太閤検地

全国の田畑の面積や土地のよしあしを調べ，収穫量を石高で表しました。

朝鮮侵略

明の征服をめざして，朝鮮へ大軍を送りましたが，失敗しました。

刀狩

農民から刀や鉄砲を取り上げて，農業に専念させ，農民の一揆を防ごうとしました。

太閤検地と刀狩によって武士と農民の区別が明確になる兵農分離が進んだのよ。

見てわかる 資料集

長篠の戦い

織田信長が，鉄砲を使って武田軍を破った戦いだよ。

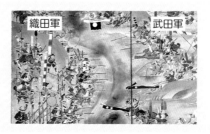
織田軍　武田軍

鉄砲を使っている左側の軍が織田軍だよ！

解答p.8

1 次の □ にあてはまる語句を，下の □ の中から選びましょう。

(1) 織田信長は，商工業を活発にするため，安土城の城下で

　　　[　　　　　　　　　　]を行いました。

(2) 豊臣秀吉は，全国の田畑の面積や土地のよしあしを調べて，収穫量を石高で表す

　　　[　　　　　　　　　　]を行いました。

(3) 豊臣秀吉は，農民から武器を取り上げる[　　　　　　　　　　]を行いました。

(4) 豊臣秀吉は，明の征服をめざして[　　　　　　　　　　]を行いました。

> 刀狩　　　太閤検地　　　朝鮮侵略　　　楽市・楽座

2 次の問いに答えましょう。

(1) 織田信長が鉄砲を使って武田軍を破った戦いを何といいますか。

　　　[　　　　　　　　　　]

(2) 豊臣秀吉が刀狩を行った目的を，次から1つ選んで，記号を書きましょう。

　　　[　　　　　　　　　　]

　　ア　商工業を活発にするため。　　イ　農民の一揆を防ぐため。

　　ウ　明を征服するため。　　エ　キリスト教を禁止するため。

(3) 豊臣秀吉が太閤検地と刀狩を行ったことで，武士と農民の身分の区別がはっきり
しました。このことを何といいますか。　　　[　　　　　　　　　　]

コレだけ！

□ 織田信長　　　□ 楽市・楽座　　　□ 豊臣秀吉　　　□ 太閤検地

3章 近世の日本

安土桃山時代の文化

桃山文化の特色をつかもう！

安土桃山時代には，桃山文化が栄えました。また，南蛮貿易の影響により，ヨーロッパの文化も日本に伝わりました。

桃山文化はどんな文化なのかしら。

❶ 桃山文化

新興大名や大商人たちの力を背景に，豪華で雄大な桃山文化が栄えました。

茶の湯

千利休がわび茶の作法を完成させました。

絵画

狩野永徳が，障壁画をえがきました。

この絵画を『唐獅子図屏風』というのよ。

かぶき踊り

出雲の阿国が始め，人気を集めました。

ほかにも，姫路城や大阪城などの城が多くつくられたんだ。

❷ 南蛮文化

南蛮貿易により，ヨーロッパの学問や技術が日本に伝わりました。この影響を受けて，南蛮文化が栄えました。

 パン

カステラ

 天文学

 航海術

パンもカステラもこのころから日本にあったんだね。

 見てわかる 資料集

姫路城

桃山文化を代表する城で，世界遺産にも登録されているよ。

大名の権威を示すため，高くそびえる天守がつくられているよ。

解いてみよう！　　　解答p.8

桃山文化

1 次の◯◯にあてはまる語句を，下の◯◯の中から選びましょう。

(1) 安土桃山時代には，豪華で雄大な ◯◯◯◯◯◯ が栄えました。

(2) ◯◯◯◯◯◯ は，わび茶の作法を完成させました。

(3) 出雲の阿国が始めた ◯◯◯◯◯◯ が民衆の間で人気を集めました。

(4) 南蛮貿易により，ヨーロッパの学問や技術が日本に伝わったことから，
◯◯◯◯◯◯ が栄えました。

かぶき踊り　　　千利休　　　南蛮文化　　　桃山文化

2 次の問いに答えましょう。

(1) 『唐獅子図屏風』をえがいた人物はだれですか。次から1つ選んで，記号を書きましょう。 ◯◯◯

ア 雪舟（せっしゅう）　　イ 運慶（うんけい）
ウ 千利休　　エ 狩野永徳

(2) 世界遺産に登録されている，右の城を何といいますか。 ◯◯◯

(3) 南蛮文化が栄えたころ，ヨーロッパから日本に伝わったものを，次から1つ選んで，記号を書きましょう。 ◯◯◯

ア 漢字　　イ 航海術
ウ 仏教（ぶっきょう）　　エ 銅鐸（どうたく）

コレだけ！

☐ 桃山文化　　☐ 姫路城　　☐ 千利休　　☐ かぶき踊り

3章
近世の日本

江戸幕府のしくみをおさえよう！

1603年，征夷大将軍に任命された徳川家康が江戸幕府を開きました。江戸幕府は全国の大名を支配し，260年あまり，実権をにぎりました。

江戸幕府はどうやって大名を支配したのかな。

① 江戸幕府の成立

秀吉の死後，**関ヶ原の戦い**で勝利した**徳川家康**が征夷大将軍に任命されました。

家康は**江戸幕府**を開き，大名に**藩**をおさめさせて全国を支配しました。

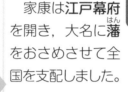

幕府が直接支配した土地は幕領とよばれるのね。

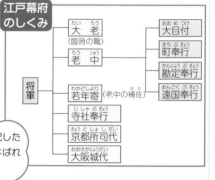

江戸幕府のしくみ

将軍	大老（臨時の職）		大目付
	老中		町奉行
			勘定奉行
	若年寄（老中の補佐）		遠国奉行
	寺社奉行		
	京都所司代		
	大阪城代		

② 大名の統制

幕藩体制

大名を**親藩・譜代大名・外様大名**に分けました。

外様大名は江戸から遠い土地に配置されたよ。

親藩　譜代大名　外様大名
将軍の親せき　昔からの徳川家の家臣　関ヶ原の戦い後に従った家臣

武家諸法度

3代将軍**徳川家光**は，武家諸法度で**参勤交代**を定めました。

領地　江戸

③ 民衆の統制

農村では，**五人組**の制度をつくり，犯罪の防止などで連帯責任が負わされました。

身分別の人口割合

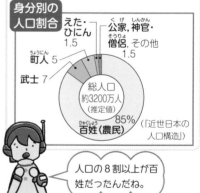
えた・ひにん 1.5
公家，神官・僧侶，その他 1.5
町人 5
武士 7
総人口約3200万人（推定値）
百姓（農民）85%
『近世日本の人口構造』

人口の8割以上が百姓だったんだね。

見てわかる資料集

武家諸法度

江戸幕府が大名を統制するために定めました。

— 新しい城はつくってはならない。
— 幕府の許可なく，結婚してはならない。
— 大名は毎年4月に江戸に参勤すること。　〈部分要約〉

参勤交代は，大名にとって重い負担だったんだ。

解いてみよう！　　　解答p.8

年代ゴロ！
1　6　　0　0
石田は無理！　丸々天下は徳川に
【1600年】関ヶ原の戦いで徳川家康が勝利
1600年

1 次の□□□にあてはまる語句を，下の□□□の中から選びましょう。

(1) 徳川家康は □□□□□□□□ で勝利し，征夷大将軍に任命されました。

(2) 徳川家康は □□□□□□□ を開き，全国を支配しました。

(3) 3代将軍徳川家光は，□□□□□□□ を定め，大名を1年おきに領地と江戸を往復させました。

(4) 農村では，□□□□□□□ の制度がつくられ，連帯責任が負わされました。

> 関ヶ原の戦い　　　参勤交代　　　五人組　　　江戸幕府

2 次の問いに答えましょう。

(1) 江戸幕府が，大名を統制するために制定した法令を何といいますか。

(2) 幕府によって，江戸から遠い土地に配置された大名を，次から1つ選んで，記号を書きましょう。

ア　親藩　　　イ　譜代大名　　　ウ　外様大名

(3) 右のグラフは，江戸時代の身分別の人口割合です。
　　□X□にあてはまる身分を書きましょう。

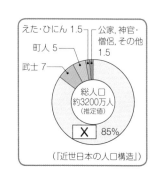

えた・ひにん 1.5　公家，神官・僧侶，その他 1.5
町人 5
武士 7
総人口
約3200万人
（推定値）
X 85%
（『近世日本の人口構造』）

コレだけ！
□ 徳川家康　　□ 武家諸法度　　□ 参勤交代　　□ 五人組

貿易の振興と鎖国政策

江戸幕府による鎖国体制をおさえよう！

17世紀中ごろ，江戸幕府は外国との貿易を制限する鎖国体制を整えました。しかし，実際には4つの窓口が開かれ，交易が行われていました。

幕府がなぜ鎖国を行ったのかを考えてみよう。

① 朱印船貿易

渡航を許可する**朱印状**をもった商人や大名が，**朱印船貿易**を行いました。東南アジアに**日本町**ができました。

日本人が集まって町をつくったんだね。

東南アジアへ

② 鎖国体制

キリスト教の広がりをおそれた幕府は，キリスト教を禁止し，貿易を長崎の**出島**に制限し，鎖国体制を整えました。

キリスト教をきびしく弾圧したから島原・天草一揆も起こったよ。

出島▶

③ 鎖国体制下での4つの窓口

対馬藩 **朝鮮**と貿易が行われ，朝鮮から日本に**朝鮮通信使**が派遣されました。

松前藩 **アイヌ**の人々との交易を独占していました。

交易に不満をもったシャクシャインによる反乱も起きたよ。

長崎 幕府の下，中国・オランダと貿易が行われていました。

中国　蝦夷地　朝鮮　琉球王国

薩摩藩 **琉球王国**を服属させていました。

見てわかる資料集

絵踏

人々にイエスの像を踏ませていたんだ。

幕府は踏絵を使って，キリスト教徒がいないかを調べました。

解いてみよう！　　　解答p.8

1 次の◻︎にあてはまる語句を，下の┈┈の中から選びましょう。

(1) 朱印状をもった商人や大名によって，◻︎が行われました。

(2) キリスト教をきびしく弾圧したため，◻︎が起こりました。

(3) 鎖国体制の下，対馬藩を通して◻︎が派遣されました。

(4) ◻︎は，蝦夷地に住むアイヌの人々との交易を独占していました。

┈┈┈┈┈┈┈┈┈┈┈┈┈┈┈┈┈┈┈┈┈┈┈┈┈┈┈┈┈┈┈┈
　朱印船貿易　　　松前藩　　　朝鮮通信使　　　島原・天草一揆
┈┈┈┈┈┈┈┈┈┈┈┈┈┈┈┈┈┈┈┈┈┈┈┈┈┈┈┈┈┈┈┈

2 次の問いに答えましょう。

(1) 朱印船貿易の結果，東南アジアに日本人が移住してできた町を何といいますか。

(2) 右の図は，長崎の人工島です。この島を何といいますか。

(3) (2)で貿易が行われていたヨーロッパの国を，次から１つ選んで，記号を書きましょう。

　ア　スペイン　　　イ　ポルトガル
　ウ　オランダ　　　エ　イギリス

(4) 薩摩藩が服属させた，現在の沖縄県（おきなわけん）にあった王国を何といいますか。

┌─────────────────────────────────┐
コレだけ！
　☐ 朱印船貿易　　☐ 島原・天草一揆　　☐ 出島　　☐ 朝鮮通信使
└─────────────────────────────────┘

江戸時代の産業の発達をおさえよう！

江戸時代，農業では，新しい農具が使われるようになりました。また，五街道や海路が整備され，三都も栄えました。

三都とは，どこのことだろう。

① 産業の発展

幕府は，年貢を増やそうと**新田**の開発を行いました。新しい農具が広がり，**商品作物**も栽培されるようになりました。

備中ぐわ

千歯こき

商品として売るために，あいや紅花が栽培されたよ。

寛永通宝など貨幣が流通しました。また，各地で特産品がつくられるようになりました。

野田・銚子のしょう油

九十九里浜のいわし

② 交通路の発達と三都

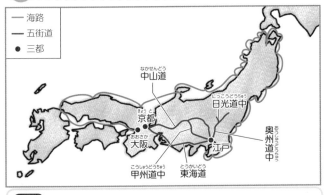

― 海路
― 五街道
● 三都

中山道
日光道中
京都
大阪
甲州道中
東海道
江戸
奥州道中

東北地方から品物が運ばれていたんだね。

海路

東廻り航路と**西廻り航路**が整備されました。

五街道

関所をもうけて，通行人や荷物の運送を監視しました。

三都

江戸…「将軍のおひざもと」とよばれました。
大阪…「**天下の台所**」とよばれ，諸藩の**蔵屋敷**がおかれました。
京都…学問や文化の中心で手工業が栄えました。

大阪は商業の中心地でもあったのよ。

見てわかる
資料集

蔵屋敷

諸藩から運ばれた年貢米や特産物が売買されたよ。

解いてみよう！

歴史ゴロ！
日光 甲州 奥州 東海中山道
ニッコリ王様，通せんぼ
【五街道】日本橋を起点に整備された

五街道

3章

近世の日本

1 次の □ にあてはまる語句を，下の □ の中から選びましょう。

(1) 幕府や藩は，年貢を増やすため □ の開発を行いました。

(2) □ などの貨幣が流通しました。

(3) 東海道などの □ には，関所がおかれ，通行人や荷物の運送を監視していました。

(4) 三都の1つである大阪は，「 □ 」とよばれて栄えました。

| 新田 | 五街道 | 天下の台所 | 寛永通宝 |

2 次の問いに答えましょう。

(1) 右の図の農具を何といいますか。
□

(2) 五街道のうち，右の地図中の**X**の街道を何といいますか。
□

(3) 大阪におかれ，諸藩から運ばれた年貢米や特産品が売買された建物を何といいますか。
□

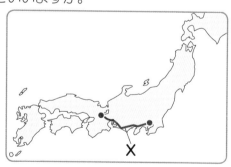

コレだけ！

□ 新田　　□ 千歯こき　　□ 五街道　　□ 蔵屋敷

徳川吉宗と田沼意次をおさえよう！

徳川吉宗による享保の改革や田沼意次の政治が行われました。農村では，百姓一揆や打ちこわしが起こるようになりました。

幕府はなぜ改革を行ったのかしら。

① 享保の改革

8代将軍の徳川吉宗は，財政難を解決するため，享保の改革を行いました。

上げ米の制
参勤交代をゆるめるかわりに，大名に米をおさめさせました。

> 一　追いはぎをした者は
> 　　獄門
> 一　人を殺した者は引き
> 　　回して獄門〈部分要約〉

公事方御定書
裁判の基準となる法律を定めました。

目安箱
庶民の意見を聞くために設置しました。

② 田沼意次の政治

老中の田沼意次は，商工業を発展させ，財政を立て直そうとしました。

株仲間とは，営業を独占する同業者の組合だよ。

① **株仲間を奨励**した。

② **長崎の貿易を活発**にした。
③ **銅の専売制**を行った。

③ 貨幣経済の広がり

貨幣経済が広がり，農村で貧富の差が生まれました。

機械を貸し出して商品を買い取る**問屋制家内工業**や，工場での分業による**工場制手工業**が行われました。

農村では**百姓一揆**，都市では**打ちこわし**が起こるようになりました。

土地を売って小作人になる者や土地を買って地主となる者がいたよ。

百姓一揆

打ちこわし

人々の生活も苦しかったんだね。

**見てわかる
資料集**

**工場制手工業
（マニュファクチュア）**

工場に人を集めて分業で商品をつくるしくみだよ。

解答p.9

年代ゴロ！
1 7 7 2
良いな何々？　株仲間つくろう
【1772年】田沼意次が老中になる

1772年

① 次の□□□にあてはまる語句を，下の┊┈┈┊の中から選びましょう。

(1)　8代将軍徳川吉宗は，財政難を解決するため，□□□□□□□□□□□を行いました。

(2)　18世紀後半に老中となった□□□□□□□□は，貿易を奨励し，輸出品の増加に力を入れました。

(3)　農村にも貨幣経済が広がり，機械を貸し出してつくった商品を買い取る□□□□□□□□□□□が行われるようになりました。

(4)　農村では百姓一揆，都市では□□□□□□□□が起こるようになりました。

┌───┐
│　　田沼意次　　　享保の改革　　　打ちこわし　　　問屋制家内工業　│
└───┘

② 次の問いに答えましょう。

(1)　享保の改革について，次の問いに答えましょう。

① 徳川吉宗が定めた右の法律を何といいますか。
□□□□□□□□

一　追いはぎをした者は獄門
一　人を殺した者は引き回して獄門　　　〈部分要約〉

② 庶民の意見を聞くために設置したものを何といいますか。
□□□□□□□□

(2)　田沼意次が結成を奨励した，営業を独占する同業者の組合を何といいますか。
□□□□□□□□

┌─コレだけ！────────────────────────────────────┐
│　□ 享保の改革　　　□ 公事方御定書　　　□ 田沼意次　　　□ 百姓一揆　│
└───┘

近世の日本

3章

松平定信と水野忠邦をおさえよう！

18世紀後半から19世紀にかけて，幕府によるさまざまな改革が行われました。また，1825年には異国船打払令（いこくせんうちはらいれい）が出されました。

なぜ異国船打払令が出されたのかな。

❶ 寛政（かんせい）の改革（かいかく）

老中（ろうじゅう）の**松平定信**（まつだいらさだのぶ）は，財政を立て直すため，**寛政の改革**を行いました。

①凶作（きょうさく）やききんに備えて，米を蓄（たくわ）えさせた。

②旗本（はたもと）や御家人（ごけにん）の借金を帳消しにした。

③昌平坂学問所（しょうへいざかがくもんじょ）をつくり，**朱子学**（しゅしがく）以外の学問を禁止した。

松平定信の政策がきびしすぎて，不満をもつ人が多かったんだ。

❷ 外国船の接近

19世紀，イギリスやアメリカの船が日本に近づくようになりました。幕府は**異国船打払令**を出し，外国船を追（はら）い払いました。

近づく外国船はすべて打ち払え！

外国船を砲撃（ほうげき）して追い払ったんだね。

❸ 天保（てんぼう）の改革（かいかく）

大塩の乱（おおしおのらん）

ききんに苦しむ人々を救うため，元役人の**大塩平八郎**（おおしおへいはちろう）が反乱（はんらん）を起こしました。

老中の**水野忠邦**（みずのただくに）が，幕府の力を回復させるため，**天保の改革**を行いました。

①物価の上昇をおさえるため，**株仲間**（かぶなかま）を解散させた。

②江戸（えど）への出かせぎを禁止した。

③風紀をきびしく取りしまった。

水野忠邦は倹約令（けんやくれい）も出しているのよ。

STOP！

見てわかる資料集

外国船の接近

	1778〜1829年	1830〜1852年	1853〜1855年
ロシア	🚢10 🚢1 🚢1	🚢5	🚢
イギリス	🚢🚢🚢	🚢🚢	🚢🚢🚢
アメリカ	🚢🚢	🚢🚢🚢	🚢🚢🚢🚢

イギリスやアメリカの船が増加していることがわかるね。

解答p.9

年代ゴロ！
1　7　87
朱子学いーな，花咲く寛政の改革
【1787年】松平定信が寛政の改革を始める

月　　日

1787年

① 次の □ にあてはまる語句を，下の ⬚⬚⬚⬚ の中から選びましょう。

(1) 老中の松平定信は，財政を立て直すため， _____ を行いました。

(2) 外国船が日本に近づくようになったため，幕府は _____ を出しました。

(3) 幕府の元役人であった _____ は，ききんで苦しむ人々を助けるため反乱を起こしました。

(4) 老中の水野忠邦は，幕府の力を回復させるために， _____ を行いました。

> 寛政の改革　　　天保の改革　　　大塩平八郎　　　異国船打払令

② 次の問いに答えましょう。

(1) 財政を立て直すため，寛政の改革を行った人物はだれですか。

_____

(2) 1825年に異国船打払令が出されたのはなぜですか。次から１つ選んで，記号を書きましょう。

_____

ア　渡航を許可した船には，朱印状（しゅいんじょう）が与えられていたから。

イ　イギリスやアメリカの船が日本に近づくようになったから。

ウ　海賊行為（かいぞくこうい）を行う倭寇（わこう）が現れるようになったから。

3章

近世の日本

コレだけ！

□ 寛政の改革　　□ 異国船打払令　　□ 大塩の乱　　□ 天保の改革

21　22　23　24　25　26　27　28　29　30

元禄文化と化政文化をつかもう！

江戸時代，町人を中心とした元禄文化と化政文化が栄えました。また，新しい学問も発達するようになりました。

元禄文化と化政文化のちがいに着目しよう。

1 元禄文化と化政文化

元禄文化		化政文化
17世紀末～18世紀初めごろ	時期	19世紀初めごろ
上方（京都・大阪）中心	場所	江戸中心

元禄文化

書物
● 井原西鶴…浮世草子

人形浄瑠璃
● 近松門左衛門が台本を書く。

俳諧（俳句）
● 松尾芭蕉…『奥の細道』

装飾画
尾形光琳

浮世絵
● 菱川師宣
　…浮世絵を大成。

▼歌舞伎

特色

化政文化

浮世絵
● 喜多川歌麿…美人画
● 葛飾北斎…風景画
● 歌川広重…風景画

▲葛飾北斎『富嶽三十六景』

書物
● 十返舎一九…『東海道中膝栗毛』
● 滝沢馬琴…『南総里見八犬伝』

俳諧（俳句）
● 与謝蕪村
● 小林一茶

たくさんの浮世絵がえがかれたんだね。

2 新しい学問の発展

蘭学 オランダ語でヨーロッパの技術や文化を学ぶ学問。

● 杉田玄白…『解体新書』
● 伊能忠敬…正確な地図

▼杉田玄白

『解体新書』はオランダ語の解剖書を翻訳したものなのね。

国学 日本古来の伝統を研究する学問。

● 本居宣長
　…『古事記伝』

◀本居宣長

教育機関として藩校や寺子屋が各地につくられたよ。

見てわかる 資料集

伊能忠敬の地図

全国の海岸線を測量し，正確な地図をつくったよ。

月　日

解いてみよう！

解答p.9

歴史ゴロ！
人形浄瑠璃　近松　芭蕉　奥の細道
人に 近道，芭蕉の 細道
【元禄文化】近松門左衛門や松尾芭蕉が活躍

元禄文化

1 次の□にあてはまる語句を，下の▭の中から選びましょう。

(1) 17世紀末から18世紀初め，京都や大阪の上方中心に［　　　］が栄えました。

(2) ［　　　］が台本を書いた人形浄瑠璃が，人々の人気を集めました。

(3) 19世紀初めごろ，江戸中心に［　　　］が発展しました。

(4) オランダ語でヨーロッパ文化を学ぶ，［　　　］が発展しました。

化政文化　　元禄文化　　近松門左衛門　　蘭学

2 次の問いに答えましょう。

(1) 元禄文化が栄えたころ，『奥の細道』を書いたのはだれですか。次から１つ選んで，記号を書きましょう。［　　　］

ア 井原西鶴　　**イ** 近松門左衛門
ウ 松尾芭蕉　　**エ** 尾形光琳

(2) 菱川師宣が大成した絵画をまとめて何といいますか。［　　　］

(3) 国学を大成し，『古事記伝』を書いたのはだれですか。［　　　］

コレだけ！
☐ 元禄文化　☐ 化政文化　☐ 蘭学　☐ 国学

1 次の問いに答えましょう。(6点×3)　　ステージ **21** **24**

(1)　1492年，ヨーロッパから大西洋を西へ向かい，アメリカ大陸への航路を開いた
人物を，次から1つ選んで，記号を書きましょう。
　　ア　ザビエル　　　　　イ　マゼラン
　　ウ　コロンブス　　　　エ　バスコ・ダ・ガマ

(2)　16世紀のヨーロッパで，教会が腐敗したことを理由にルターやカルバンが起こ
した運動を何といいますか。

(3)　安土桃山時代，わび茶の作法を完成させた人物はだれですか。

2 次の問いに答えましょう。(6点×5)　　ステージ **25** **26** **27** **28** **30**

(1)　江戸幕府の3代将軍徳川家光が武家諸法度で定めた，大名を1年おきに江戸と領
地を往復させた制度を何といいますか。

(2)　江戸時代，アイヌの人々との交易を独占していた藩を，次か
ら1つ選んで，記号を書きましょう。
　　ア　薩摩藩　　　　イ　長州藩　　　ウ　対馬藩　　　エ　松前藩

(3)　江戸時代，三都の1つとして栄え，「天下の台
所」とよばれた都市を，右の地図中の**ア**〜**エ**から
1つ選んで，記号を書きましょう。

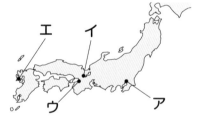

(4)　右の絵は，19世紀から見られるようになった，
工場に人を集めて分業で商品をつくるようすで
す。このようなしくみを何といいますか。

(5)　オランダ語の解剖書を翻訳し，『解体新書』を出版した人物を，次から1つ選んで，
記号を書きましょう。
　　ア　本居宣長　　　　イ　伊能忠敬　　　ウ　杉田玄白

74

3 次の文章を読んで，あとの問いに答えましょう。（7点×3）　≫ステージ 23 25

尾張の戦国大名・織田信長は，**a**安土城を拠点として天下統一をめざしました。信長が本能寺の変で自害すると，信長の家臣である**b**豊臣秀吉が後継者となり，天下統一をなしとげました。秀吉の死後は，（　**c**　）で勝利した徳川家康が征夷大将軍に任命されました。

(1) 文中の下線部**a**について，織田信長が，安土城の城下での商工業を発達させるために行った政策を何といいますか。

(2) 文中の下線部**b**について，豊臣秀吉のことを述べた文として，あてはまるものを，次から1つ選んで，記号を書きましょう。
　　ア　室町幕府をほろぼした。
　　イ　農民から刀を取り上げる刀狩を行った。
　　ウ　早くから家臣になった者を譜代大名にした。

(3) 文中の（　**c**　）にあてはまる戦いを，次から1つ選んで，記号を書きましょう。
　　ア　長篠の戦い　　　　イ　応仁の乱
　　ウ　関ヶ原の戦い　　　エ　島原・天草一揆

4 右の年表を見て，あとの問いに答えましょう。（(4)は13点，他は6点×3）
≫ステージ 28 29 30

(1) 年表中の**A**の改革を行った人物はだれですか。

年代	おもなできごと
1716	享保の改革……………A
1772	田沼意次が老中となる…B
1787	寛政の改革
	↕C
1841	天保の改革……………D

(2) 年表中の**B**の下線部の人物が行った政策を，次から1つ選んで，記号を書きましょう。

　　ア　公事方御定書を定めた。
　　イ　長崎の貿易を活発にした。
　　ウ　上げ米の制で，大名に米をおさめさせた。
　　エ　昌平坂学問所での朱子学以外の学問を禁止した。

(3) 年表中の**C**の時期に，浮世絵を大成した人物を，次から1つ選んで，記号を書きましょう。
　　ア　近松門左衛門　　　イ　松尾芭蕉
　　ウ　井原西鶴　　　　　エ　葛飾北斎

(4) 年表中の**D**について，天保の改革で，水野忠邦が株仲間を解散させたのはなぜですか，簡単に書きましょう。

3章 近世の日本

●天下統一までの道のり…

織田信長（おだのぶなが）
- 室町幕府（むろまちばくふ）をほろぼした。
- 楽市・楽座（らくいち・らくざ）を行った。

豊臣秀吉（とよとみひでよし）
- 天下統一を達成した。
- 太閤検地（たいこうけんち）や刀狩（かたながり）を行った。

徳川家康（とくがわいえやす）
- 江戸幕府（えどばくふ）を開いた。
- 武家諸法度（ぶけしょはっと）で全国の大名（だいみょう）を支配した。

●江戸幕府による改革…

①享保の改革（きょうほうかいかく）…徳川吉宗（とくがわよしむね）が行った。
- 上げ米の制（あげまいせい）
- 公事方御定書（くじかたおさだめがき）
- 目安箱（めやすばこ）の設置

②田沼意次の政治（たぬまおきつぐ）
- 株仲間（かぶなかま）の奨励（しょうれい）
- 長崎（ながさき）の貿易を奨励
- 銅の専売制

③寛政の改革（かんせいかいかく）…松平定信（まつだいらさだのぶ）が行った。
- 凶作（きょうさく）やききんに備える
- 借金の帳消し
- 朱子学（しゅしがく）以外の学問を禁止

④天保の改革（てんぽうかいかく）…水野忠邦（みずのただくに）が行った。
- 株仲間の解散
- 出かせぎの禁止
- 風紀の取りしまり

STOP!

 近世をクリア！

次の時代へ進もう

• • • • •

4章 近代の日本と世界
幕末〜大正時代①

この時代の課題

●日本が近代国家になる道のりを調べよう！

●日清戦争と日露戦争の結末を探ろう！

ヨーロッパのようすをおさえよう!

17世紀から18世紀にかけて，ヨーロッパでは市民革命が起こりました。アメリカでは，独立宣言が出されました。

どうして市民革命が起こったのかな。

① ヨーロッパの市民革命

国王の絶対王政に反対したんだ。

イギリス

国王が議会を無視して政治を行ったため，**ピューリタン革命**と**名誉革命**が起こりました。

フランス

フランス革命が起こり，**人権宣言**が発表されました。これにより王政は廃止されました。

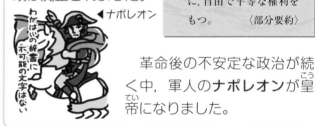

◀ナポレオン

> 第1条　人は生まれながらに，自由で平等な権利をもつ。　〈部分要約〉

革命後の不安定な政治が続く中，軍人の**ナポレオン**が皇帝になりました。

② 啓蒙思想の広がり

国王の権力を制限し，市民の政治参加について主張する啓蒙思想が広がりました。

ロック	モンテスキュー	ルソー
社会契約説を主張。	三権分立を主張。	人民主権を主張。

③ アメリカの独立

イギリスの植民地だったアメリカでは，独立戦争が始まり，**独立宣言**が発表されました。

戦争に勝利したあと，**ワシントン**が初代大統領になりました。

13個の星は13の州を示しているよ。

見てわかる 資料集

フランス革命

市民の上に石と貴族・聖職者たちが乗っているよ。

貴族や聖職者が税をのがれ，市民に重い税がかけられていたことを表した風刺画です。

1 次の□にあてはまる語句を，下の□□□の中から選びましょう。

1789年

(1) イギリスでは，国王が議会を無視して政治を行ったため，ピューリタン革命と

　　□□□が起こりました。

(2) フランスでは，フランス革命が起こり，□□□が発表されました。

(3) 啓蒙思想が広がり，□□□が三権分立を主張しました。

(4) 独立戦争が始まったアメリカでは，□□□が発表されました。

> 名誉革命　　モンテスキュー　　人権宣言　　独立宣言

2 次の問いに答えましょう。

(1) 右のような宣言が発表された国はどこですか。次
　　から１つ選んで，記号を書きましょう。

□

> 第１条　人は生まれながら
> に，自由で平等な権利を
> もつ。　　〈部分要約〉

　　ア　イギリス　　イ　フランス
　　ウ　アメリカ　　エ　スペイン

(2) 次の①・②の文にあてはまる人物を，あとから１つずつ選んで，記号を書きましょう。

　　① フランス革命のあと，皇帝になった。　　□

　　② アメリカの初代大統領になった。　　□

　　　ア　ルソー　　イ　ロック　　ウ　ナポレオン　　エ　ワシントン

コレだけ！

□ 名誉革命　　□ 独立戦争　　□ フランス革命　　□ 人権宣言

31 32 33 34 35 36 37 38 39 40 41

ヨーロッパのアジア進出

産業革命のようすをおさえよう!

18世紀から19世紀にかけ，ヨーロッパで産業革命が起こりました。ヨーロッパの国々は，しだいにアジアを侵略していくようになりました。

 どうしてアジアを侵略したのかしら。

1 産業革命

イギリスで蒸気機関が改良され，世界で初めて**産業革命**が起こりました。

工場で安く大量生産できるようになったんだね。

資本家
労働者

やがて，資本家が利益を求めて競争する**資本主義**の考えが生まれました。

これを批判する社会主義の考えも生まれたのよ。

2 ロシアとアメリカの発展

ロシア

東西に領地を広げるとともに，**南下政策**を行いました。

アメリカ

人民の，人民による，人民のための政治！

南北戦争で，リンカン大統領率いる北部が勝利しました。

3 ヨーロッパのアジア進出

三角貿易

イギリス ← 茶・絹 ← 中国（清）
イギリス … 銀 … 中国（清）
工業製品 綿織物　銀　銀　アヘン
インド

イギリスと清，インドは**三角貿易**を行っていました。

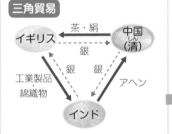

アヘン戦争

清がアヘンの輸入を禁止し，**アヘン戦争**が起こりました。

清　イギリス

イギリスが勝利し南京条約が結ばれたよ。

インド大反乱

イギリスは，**インド大反乱**をおさめ，インドを植民地としました。

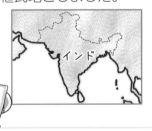

インド

見てわかる
資料集

アジアとイギリスの綿織物の輸出額

アジアからの輸出が減少しているよ。

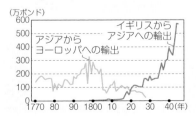

（万ポンド）
イギリスからアジアへの輸出
アジアからヨーロッパへの輸出
600
500
400
300
200
100
0
1770 80 90 1800 10 20 30 40（年）
『世界市場の形成』

産業革命後のイギリスから安い綿織物がアジアへ大量に輸出されたよ。

解いて みよう！　　　　　解答p.10

年代ゴロ！

1　84 0
一気に走れ，清は大ピンチ
【1840年】アヘン戦争が起こる

1840年

1 次の◯◯にあてはまる語句を，下の⌐ ⌐の中から選びましょう。

(1) イギリスで蒸気機関が改良され，◯◯◯◯◯が起こりました。

(2) 資本家が労働者をやとい，利益を求めて競争する◯◯◯◯◯の考えが生まれました。

(3) アメリカの南北戦争で，◯◯◯◯◯大統領が率いる北部が勝利しました。

(4) イギリスは，清との間で起こった◯◯◯◯◯に勝利しました。

⌐ -⌐
　　　資本主義　　　アヘン戦争　　　リンカン　　　産業革命
⌐ -⌐

2 次の問いに答えましょう。

(1) 蒸気機関が改良され，世界で産業革命が初めて起こった国はどこですか。次から1つ選んで，記号を書きましょう。

　　　ア　アメリカ　　　イ　フランス
　　　ウ　清　　　　　　エ　イギリス

(2) 産業革命のあと，資本主義を批判して生まれた考えを何といいますか。

(3) 右の図は，イギリス・清・インドが行っていた三角貿易を示しています。図中のXにあてはまる品目は何ですか。

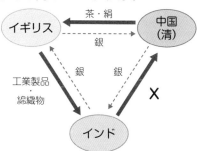

コレ だけ！

□ 産業革命　　　□ 資本主義　　　□ 南北戦争　　　□ アヘン戦争

大政奉還までの流れをおさえよう！

1853年，アメリカのペリーが日本に開国を求めて来航しました。日本が開国したあと，260年あまり続いた江戸幕府（えどばくふ）はほろびました。

日本が開国したあとのようすに着目しよう。

① ペリー来航〜開国へ

東インド艦隊司令長官（ひがし かんたいし れいちょうかん）のペリーが，4隻の軍艦を率（ひき）いて浦賀（うらが）（神奈川県（かながわけん））に来航しました。

開国シナサイ

1854年　日米和親条約（にちべい わ しんじょうやく）が結ばれる

アメリカ船に食料や水などを供給することを認めました。

日本の鎖国体制（さこくたいせい）がくずれて開国したよ。

1858年　日米修好通商条約（にちべいしゅうこうつうしょうじょうやく）が結ばれる

日本に関税自主権（かんぜいじしゅけん）がなく，アメリカに領事裁判権（りょうじさいばんけん）を認めた**不平等条約**でした。

朝廷（ちょうてい）の許可を得ずに，この条約を結んだ大老（たいろう）の井伊直弼（いいなおすけ）は反対派を処罰（しょばつ）し，のちに桜田門外の変（さくらだもんがいのへん）で暗殺されたのよ。

② 倒幕運動（とうばくうんどう）の広がり

尊王攘夷運動（そんのうじょういうんどう）

天皇を尊び，外国を排除（はいじょ）する考えがさかんになりました。

長州藩　薩摩藩
大久保利通（おおくぼとしみち）
木戸孝允（きどたかよし）　西郷隆盛（さいごうたかもり）

薩長同盟（さっちょうどうめい）

薩摩藩（さつまはん）と長州藩（ちょうしゅうはん）が坂本龍馬（さかもと りょうま）の仲立ちで手を組み，幕府をたおす（倒幕）ことをめざしました。

大政奉還（たいせいほうかん）

倒幕運動が高まり，15代将軍徳川慶喜（とくがわよしのぶ）は，政権を朝廷に返しました。

これにより江戸幕府はほろびたんだね。

見てわかる
資料集

日本の開国

★日米和親条約で開いた港
★日米修好通商条約で開いた港

函館（はこだて）
新潟（にいがた）
長崎（ながさき）
神奈川（横浜）（よこはま）
兵庫（神戸）（こうべ）
下田（しもだ）

日米和親条約では2港，日米修好通商条約では5港を開いたよ。

月　日

解いて みよう！

解答p.10

1 次の □ にあてはまる語句を，下の ┈┈ の中から選びましょう。

(1) 1853年，□ が４隻の軍艦を率いて浦賀にやってきました。

(2) 朝廷の許可を得ないまま，1858年に □ が結ばれました。

(3) 天皇を尊び，外国を排除する考えが広がり，□ がさかんになりました。

(4) 江戸幕府の15代将軍の □ が，政権を朝廷に返したことで，江戸幕府はほろびました。

┌───┐
│ 尊王攘夷運動　　日米修好通商条約　　ペリー　　徳川慶喜 │
└───┘

2 次の問いに答えましょう。

(1) 日米和親条約で開かれた港を，右の地図中の**ア**～**エ**から２つ選んで，記号を書きましょう。

□ ┊ □

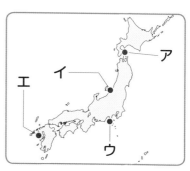

(2) 坂本龍馬の仲立ちで，薩摩藩と同盟を結んだ藩はどこですか。

□

(3) 1867年に，幕府が朝廷に政権を返したことを何といいますか。

□

コレだけ！

□ **日米修好通商条約**　　□ **尊王攘夷運動**　　□ **薩長同盟**　　□ **大政奉還**

明治政府のしくみをおさえよう！

1868年，五箇条の御誓文が出され，新しい国づくりが始まりました。明治政府は，日本を近代的な国家にするためのしくみを整えました。

明治政府はどんな政策を行ったのかな。

① 明治維新

明治政府は新しい政治の方針として**五箇条の御誓文**を出し，年号を明治に改めました。

> 一 広ク会議ヲ興シ万機公論ニ決スベシ。
> 一 上下心ヲ一ニシテ盛ニ経綸ヲ行フベシ。
> 〈部分要約〉

身分制度の廃止

もとの武士・百姓・町人は平等と定め，えた・ひにん身分に「**解放令**」を出しました。

四民平等

中央集権国家への取り組み

● **版籍奉還**…藩主に土地と人民を政府に返させました。
● **廃藩置県**…藩を廃止し，県をおき，政府から県令を派遣しました。

薩摩，長州，土佐，肥前の出身者が実権をにぎったことから，藩閥政府とよばれたよ。

② 明治政府の政策

学制

6歳以上の男女に小学校教育を義務づけました。

徴兵令

満20歳になった男子に兵役を義務づけました。

政府は近代的な強い軍隊をつくろうとしたのね。

地租改正

土地の所有者に地券を発行し，地価の3％を現金でおさめさせました。

くらべるポイント

地租改正

米をおさめていたよ。ききんや不作により収入が不安定だったんだ。

江戸　　明治
米　→　現金

現金でおさめさせることで，政府の収入を安定させたよ。

解いてみよう！　解答p.11

年代ゴロ！
1　868
位置づけうやむや，御誓文
【1868年】五箇条の御誓文を出す
1868年

1 次の□□にあてはまる語句を，下の□□の中から選びましょう。

(1) もとの武士・百姓・町人は平等と定め，えた・ひにん身分には □□□ を出しました。

(2) 明治政府は，中央集権国家をつくるため，藩を廃止し，県をおく □□□ を行いました。

(3) □□□ が発布され，20歳以上の男子に兵役を義務づけました。

(4) 明治政府は新しい税制を定め，土地所有者に □□□ を発行しました。

　　解放令　　地券　　廃藩置県　　徴兵令

2 次の問いに答えましょう。

(1) 明治政府が出した，右の方針を何といいますか。
□□□

一　広ク会議ヲ興シ万機公論ニ決スベシ。
一　上下心ヲ一ニシテ盛ニ経綸ヲ行フベシ。
〈部分要約〉

(2) 学制が出され，小学校教育が義務づけられたのは，どのような人々ですか。次から1つ選んで，記号を書きましょう。 □□□

ア　6歳以上の男子　　イ　6歳以上の男女
ウ　12歳以上の男子　　エ　12歳以上の男女

(3) 明治政府が，財政収入を安定させるため，土地にかかる税を現金でおさめさせた政策を何といいますか。 □□□

コレだけ！
□ 五箇条の御誓文　　□ 廃藩置県　　□ 学制　　□ 地租改正

富国強兵政策をおさえよう！

新政府は，「富国強兵」政策をかかげ，殖産興業政策を進めました。都市部では，西洋の文化や考えが広がり，社会のようすが変化しました。

社会のようすはどのように変化したのかしら。

❶ 富国強兵政策

明治政府は，欧米諸国に対抗しようと「富国強兵」をかかげました。「富国」をめざし，産業を発展させるために殖産興業政策を行いました。

「強兵」をめざして，西洋式の軍隊がつくられたよ。

 鉄道の開通

郵便制度の整備

官営模範工場の設立

西洋の技術を取り入れた富岡製糸場がつくられたのよ。

❷ 文明開化

西洋の文化や技術がさかんに取り入れられる**文明開化**の風潮がみられるようになりました。

◀洋服を着るようになった。

牛肉を食べるように▶
になった。

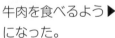ぎゅうなべ
牛鍋

社会のようすが大きく変わったんだね。

福沢諭吉や中江兆民など，西洋の考えを主張する思想家が現れました。

天は人の上に人をつくらず人の下に人をつくらず
『学問のすゝめ』
福沢諭吉

見てわかる 資料集

文明開化のようす

馬車が走るようになったよ。

れんがづくりの建物が増えたよ。

年代ゴロ！
1 8 73
イヤだよ涙の徴兵令
【1873年】徴兵令が出される

1873年

1 次の◯◯にあてはまる語句を，下の⌐ ⌐の中から選びましょう。

(1) 明治政府は，経済を発展させ，軍隊を強くする「◯◯◯◯◯◯」をかかげました。

(2) 殖産興業政策の１つとして，富岡製糸場などの◯◯◯◯◯◯を設立しました。

(3) 西洋の文化や技術がさかんに取り入れられる◯◯◯◯◯◯の風潮がみられるようになりました。

(4) 福沢諭吉や◯◯◯◯◯◯などの西洋の考えを主張する思想家が現れました。

⌐ ⌐ ⌐ ⌐ ⌐ ⌐ ⌐ ⌐ ⌐ ⌐ ⌐ ⌐ ⌐
　　　　文明開化　　　官営模範工場　　　富国強兵　　　中江兆民
⌐ ⌐ ⌐ ⌐ ⌐ ⌐ ⌐ ⌐ ⌐ ⌐ ⌐ ⌐ ⌐

2 次の問いに答えましょう。

(1) 右の絵は，群馬県(ぐんまけん)に設立された官営模範工場です。この工場を何といいますか。

◯◯◯◯◯◯

(2) 官営模範工場をつくるなど，産業を発展させるために政府が行った政策を何といいますか。

◯◯◯◯◯◯

(3) 右の資料は『学問のすゝめ(す)』の一部です。これを書いたのはだれですか。

◯◯◯◯◯◯

　　天は人の上に人をつくらず，人の下に人をつくらずといえり。　　〈部分要約〉

コレだけ！

☐ 富国強兵　　☐ 殖産興業　　☐ 文明開化　　☐ 福沢諭吉

4章 近代の日本と世界

明治時代初期の外交をおさえよう！

明治時代の初め，岩倉使節団が派遣されました。また，周辺の国と条約を結び，領土を確定させていきました。

日本と周辺の国々との関係に着目しよう。

❶ 明治時代初期の外交

不平等条約の改正をめざして，**岩倉使節団**が派遣されました。しかし，条約改正は実現できませんでした。

➡

岩倉具視らは帰国後，朝鮮に武力で開国をせまる**征韓論**を唱える**西郷隆盛**や**板垣退助**と対立しました。

まだ早い！　武力で外交！

このあと，西郷隆盛と板垣退助は政府を去ったのね。

❷ 国境と領土の確定

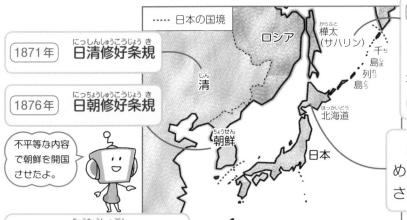

····· 日本の国境

ロシア

樺太（サハリン）

千島列島

清

朝鮮

北海道

日本

沖縄

1871年 **日清修好条規**

1876年 **日朝修好条規**

不平等な内容で朝鮮を開国させたよ。

1879年 **琉球処分**

琉球の人々の反対をおさえて，**沖縄県**を設置しました。

1875年 **樺太・千島交換条約**

ロシアに樺太の領有を認め，千島列島は日本領としました。

蝦夷地を北海道に改め，**屯田兵**などを移住させ開拓を行いました。

千島列島以外は，現在の日本の国境とほとんど同じだね。

見てわかる 資料集

岩倉使節団

伊藤博文

木戸孝允　岩倉具視　大久保利通

木戸孝允や大久保利通，伊藤博文が参加していたよ。

解いて みよう！

解答p.11

1 次の◯◯にあてはまる語句を，下の◯◯の中から選びましょう。

(1) 政府は不平等条約の改正交渉（かいせいこうしょう）のため，☐☐☐☐を欧米（おうべい）に派遣し
ました。

(2) 西郷隆盛らは，武力で朝鮮に開国をせまる☐☐☐☐を主張し，帰国
した岩倉具視らと対立しました。

(3) 日本政府は，朝鮮に不利な内容の☐☐☐☐を結び，朝鮮を
開国させました。

(4) 政府は，蝦夷地を☐☐☐☐と改め，開拓を進めました。

北海道　　　岩倉使節団　　　日朝修好条規　　　征韓論

---

2 次の問いに答えましょう。

(1) 岩倉使節団に参加した人物を，次から１つ選んで，記号を書きましょう。

ア　西郷隆盛　　　イ　板垣退助

ウ　大久保利通　　エ　坂本龍馬（さかもとりょうま）

☐☐☐

(2) 日本とロシアの間の国境を決めるため，1875年に日本がロシアと結んだ条約を
何といいますか。

☐☐☐

(3) 1879年，琉球の人々の反対をおさえて，沖縄県を設置したできごとを何といい
ますか。

☐☐☐

コレだけ！

☐ 岩倉使節団　　　☐ 日朝修好条規　　　☐ 樺太・千島交換条約

大日本帝国憲法制定の流れをおさえよう！

1874年，板垣退助らが民撰議院設立の建白書を提出したことで，自由民権運動が広がりました。政府は，国会の開設や憲法の制定の準備を進めました。

どんな憲法がつくられたのかな。

① 自由民権運動の高まり

板垣退助らが**民撰議院設立の建白書**を政府に提出したことで，国会の開設を求める**自由民権運動**が広がりました。

一方，**西郷隆盛**は不満をもつ士族らとともに，**西南戦争**を起こしましたが，政府によってしずめられました。

国会の開設を求めて**国会期成同盟**がつくられました。やがて政府は国会を開くことを約束しました。

板垣退助は自由党，大隈重信は立憲改進党を結成したよ。

② 大日本帝国憲法の制定

伊藤博文は，憲法をつくるため，ヨーロッパへ調査に行きました。帰国後，**内閣制度**をつくり，初代内閣総理大臣になりました。

1889年，**大日本帝国憲法**が発布されました。翌年には，衆議院議員の選挙が行われ，**帝国議会**が開かれました。

選挙権は直接国税を15円以上おさめる満25歳以上の男子に与えられたよ。

見てわかる
資料集

大日本帝国憲法

天皇を主権者としていたよ。

第1条　大日本帝国ハ万世一系ノ天皇之ヲ統治ス
第3条　天皇ハ神聖ニシテ侵スベカラズ〈部分要約〉

国民は「臣民」とされ，法律の範囲内で自由や権利が認められていました。

解いてみよう！　　解答p.11

1 次の□にあてはまる語句を，下の┈┈の中から選びましょう。

(1) 板垣退助らが民撰議院設立の建白書を政府に提出したことで，国会の開設を求める□が広がりました。

(2) 西郷隆盛は，不満をもつ士族らとともに□を起こしましたが，政府によってしずめられました。

(3) ヨーロッパから帰国した伊藤博文は，□をつくり，初代内閣総理大臣になりました。

(4) 1889年，□が発布されました。

┈┈ 大日本帝国憲法　　自由民権運動　　西南戦争　　内閣制度 ┈┈

2 次の問いに答えましょう。

(1) 板垣退助を党首（とうしゅ）として結成された政党を何といいますか。□

(2) 内閣制度をつくり，初代内閣総理大臣になった人物を，次から１つ選んで，記号を書きましょう。□

ア　西郷隆盛　　イ　伊藤博文
ウ　大隈重信　　エ　大久保利通（おおくぼとしみち）

(3) 右は大日本帝国憲法の一部です。この憲法で主権者とされていたのはだれですか。□

第1条　大日本帝国ハ万世一系ノ天皇之ヲ統治ス
第3条　天皇ハ神聖ニシテ侵スベカラズ　〈部分要約〉

コレだけ！
□ 自由民権運動　　□ 西南戦争　　□ 大日本帝国憲法　　□ 帝国議会

条約改正をおさえよう！

19世紀後半の帝国主義の時代，欧米諸国は世界に植民地を広げていきました。一方，日本は不平等条約の改正交渉をめざしました。

条約はどのように改正したのかしら。

❶ 欧米列強の帝国主義

19世紀後半，資本主義が発達した欧米諸国は，市場や安い原料を求めて，アジアやアフリカなどを植民地にしました。この動きを
帝国主義といいます。

世界中に植民地が広がったんだね。

イギリス　フランス

❷ 条約改正までの取り組み

外務大臣の井上馨は欧化政策を行っているよ。

不平等条約
領事裁判権を認めた
　…外国人が日本で罪をおかしても，日本がさばけない。

1894年　領事裁判権の撤廃に成功
外務大臣**陸奥宗光**が成功させました。

1889年に大日本帝国憲法が制定されたことが関係しているのね。

関税自主権がない
　…輸入品の関税を決められない。

関税

1911年　関税自主権の完全回復に成功
外務大臣**小村寿太郎**が成功させました。これにより，不平等条約が改正されました。

見てわかる
資料集

ノルマントン号事件

イギリス船ノルマントン号が沈没し，日本人の乗客が全員水死したんだ。

領事裁判権を認めていたため，イギリス人の船長には軽いばつが与えられただけでした。

解いて みよう！　　解答p.12

1 次の□□□にあてはまる語句を，下の┄┄┄の中から選びましょう。

(1) 資本主義が発達した欧米諸国は，市場や安い原料を求めて植民地を広げました。
この考えを [　　　　　　　] といいます。

(2) 日本は，[　　　　　　　　　　] を認めていたため，外国人が罪をおかして
も，日本の裁判所でさばくことができませんでした。

(3) 外務大臣の井上馨は，[　　　　　　　　] を行いました。

(4) 外務大臣の [　　　　　　　　　　] は関税自主権の完全回復に成功しました。

┌─────────────────────────────┐
│　帝国主義　　　領事裁判権　　　小村寿太郎　　　欧化政策　│
└─────────────────────────────┘

2 次の問いに答えましょう。

(1) 日本人乗客が全員水死したにもかかわらず，イギリス人船長に軽いばつしか与え
られなかった事件を，次から1つ選んで，記号を書きましょう。　[　　　]
　ア　琉球処分　　　　　　イ　桜田門外の変
　ウ　ノルマントン号事件　エ　西南戦争

(2) 1894年，領事裁判権の撤廃に成功したときの外務大臣はだれですか。
[　　　　　　　　　　]

(3) 1911年に外務大臣の小村寿太郎が完全回復に成功した権利は何ですか。
[　　　　　　　　　　]

コレだけ！
☐ 帝国主義　　☐ 欧化政策　　☐ 陸奥宗光　　☐ 小村寿太郎

日清戦争のようすをつかもう！

　1894年，日本は朝鮮半島で清の軍隊と衝突し，日清戦争が始まりました。日清戦争のあと，日本はロシアと対立するようになりました。

どうしてロシアと対立したのかな。

❶ 日清戦争が始まる

　朝鮮で起きた**甲午農民戦争**をしずめるため，清と日本が軍隊を送ったことから，**日清戦争**が始まりました。

ロシア　清　日本

清と日本が魚（朝鮮）を釣っているね。ロシアがそれを見ているよ。

　戦争は日本が勝利し，**下関条約**が結ばれました。

・清は朝鮮の独立を認める。
・清は遼東半島，台湾，澎湖諸島を日本にゆずる。
・清は賠償金2億両を日本に支払う。

〈部分要約〉

日本は，これにより台湾を植民地支配したのよ。

❷ 日清戦争後の日本と中国

日本

　ロシア・ドイツ・フランスが，**遼東半島**を清へ返すよう日本に求める，**三国干渉**が起こりました。

清

　清の敗北を知った列強は，中国での勢力をさらに広げました。

日本が返した遼東半島の一部をロシアが租借したため，対立が深まったよ。

中国分割
ロシア　満州　北京　韓国　イギリス　清　ドイツ　フランス領インドシナ　日本

見てわかる資料集

賠償金の使い道

清から2億両（当時の日本の歳出の4倍近く）の賠償金を得ました。

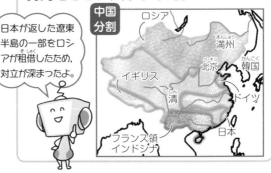

災害準備基金 2.8　その他 4.4　教育基金 2.8　臨時軍事費 21.9　総額約3億6000万円　軍備拡張費 62.6%　皇室財産 5.5

ロシアへの対抗心から，軍備を充実させたよ。

〈『近代日本経済史要覧』〉

解いてみよう！

解答p.12

1 次の □ にあてはまる語句を，下の ⎕ の中から選びましょう。

(1) 1894年，朝鮮で [　　　　　　　　　　] が起こったことをきっかけに，日清戦争が始まりました。

(2) 日清戦争は日本が勝利し，[　　　　　　　　　] が結ばれました。

(3) 日清戦争後，ロシア・ドイツ・フランスによる [　　　　　　　　　] が起こりました。

(4) ロシアは，日本が清に返還した [　　　　　　　　　] の一部を租借しました。

> 三国干渉　　　遼東半島　　　下関条約　　　甲午農民戦争

2 次の問いに答えましょう。

(1) 朝鮮で起きた甲午農民戦争をきっかけに始まったできごとを何といいますか。

[　　　　　　　　　]

(2) ロシアとともに，三国干渉を行った国はどこですか。次から２つ選んで，記号を書きましょう。 [　　　｜　　　]

ア　フランス　　　イ　ドイツ

ウ　イギリス　　　エ　アメリカ

(3) 三国干渉で日本が清へ返したのはどこですか。右の地図中の**ア**〜**エ**から１つ選んで，記号を書きましょう。 [　　　　　]

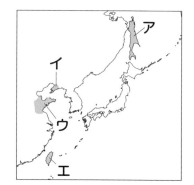

コレだけ！

□ **甲午農民戦争**　　□ **日清戦争**　　□ **下関条約**　　□ **三国干渉**

31　32　33　34　35　36　37　38　39　40　41

日露戦争のようすをつかもう！

1904年，日本とロシアの間で日露戦争が始まりました。日露戦争後，日本は韓国を支配するようになりました。

日清戦争と日露戦争のちがいに着目しよう。

❶ 日露戦争が始まる

清で起きた義和団事件をおさえるため，ロシアと日本が大軍を送りました。

日本

ロシア

日本はイギリスと日英同盟を結んでロシアに対抗し，日露戦争が始まりました。

与謝野晶子が，戦争にいく弟をおもって「君死にたまふことなかれ」の歌を発表したのよ。

苦しい戦いの末，両国とも戦争が続けられなくなり，アメリカの仲介でポーツマス条約が結ばれました。

・ロシアは韓国における日本の優越権を認める。
・ロシアは旅順・大連の租借権を日本にゆずる。
・ロシアは北緯50度以南の樺太を日本にゆずる。　〈部分要約〉

賠償金はもらえなかったんだね。国民はどう思ったのかな。

❷ 日露戦争後のアジア

[1910年] 韓国併合
　韓国の抵抗をおさえ，日本の植民地としました。

日本の植民地

ロシア
満州
樺太
韓国
日本

韓国への植民地支配は，1945年まで続くよ。

[1912年] 中華民国の成立
　中国では，三民主義を唱えた孫文を中心に辛亥革命が起こり，中華民国が建国されました。

孫文▶

くらべるポイント

日清戦争と日露戦争

人々の負担は日清戦争よりも大きかったよ。

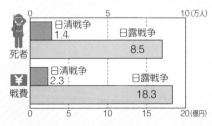

死者
日清戦争 1.4
日露戦争 8.5

戦費
日清戦争 2.3
日露戦争 18.3
(億円)
(万人)

『日本長期統計総覧』

賠償金が得られなかったこともあり，国民の不満は高まって暴動が起こりました。

解いてみよう！　解答p.12

1 次の◯◯にあてはまる語句を，下の◯◯の中から選びましょう。

(1) 清で起きた ［　　　　　　　　］ をおさえるため，ロシアと日本が大軍を送りました。

(2) 日本は，イギリスと ［　　　　　　　］ を結び，ロシアに対抗しました。

(3) 日露戦争に苦戦する中，アメリカの仲介で ［　　　　　　　　　］ が結ばれました。

(4) 日本は，1910年に ［　　　　　　　］ を行い，韓国を植民地としました。

義和団事件　　　　ポーツマス条約　　　　韓国併合　　　　日英同盟

4章

近代の日本と世界

2 次の問いに答えましょう。

(1) ロシアに対抗するため，日本と同盟を結んだ国はどこですか。次から１つ選んで，記号を書きましょう。 ［　　　］

　　ア　ドイツ　　　イ　アメリカ
　　ウ　フランス　　エ　イギリス

(2) 日露戦争のあと，国民の不満が高まったのはなぜですか。次から１つ選んで，記号を書きましょう。 ［　　　］

　　ア　樺太が全部手に入らなかったから。　　イ　遼東半島を清に返したから。
　　ウ　アメリカが仲介に入ったから。　　　　エ　賠償金を得られなかったから。

(3) 三民主義を唱え，辛亥革命を指導した人物はだれですか。

［　　　　　　　　　　　］

コレだけ！
□ 義和団事件　　　□ 日露戦争　　　□ ポーツマス条約　　　□ 韓国併合

31　32　33　34　35　36　37　38　39　40　41

日本の産業革命をおさえよう！

1880年代後半から，紡績・製糸業を中心に日本で産業革命が起こりました。また，自然科学や近代文学も発展しました。

産業はどのように発展したのかしら。

① 日本の産業革命

綿花から綿糸をつくることを紡績，かいこから生糸をつくることを製糸というよ。

資本主義が発展し，労働者は低賃金で長時間働かされました。一方で，資本家は**財閥**を形成し，経済を支配しました。

1880年代 軽工業の発達
綿糸・生糸が大量に輸出されました。

1900年代 重工業の発達
日清戦争後に官営の**八幡製鉄所**がつくられ，鉄鋼生産の中心となりました。

労働者の労働条件はきびしいものだったんだね。

② 明治時代の文化

美術
●横山大観…日本画
●黒田清輝…欧米の技術を取り入れる。『湖畔』

▲湖畔

文学
●樋口一葉…『たけくらべ』
●夏目漱石…『坊っちゃん』
●森鷗外…『舞姫』

話し言葉を文章に書く言文一致が広がったのね。

自然科学
●北里柴三郎…細菌学
●野口英世
…黄熱病の研究

野口英世▶

見てわかる資料集

綿糸の生産量と貿易量

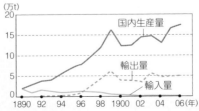

(万t)
国内生産量
輸出量
輸入量
1890 92 94 96 98 1900 02 04 06(年) （『日本経済統計集』ほか）

1897年には，輸出量が輸入量を上回ったよ。

解いて みよう！

解答p.12

歴史コロ！
紡績　（静止＝製糸）
坊さん止まった！　産業革命
【日本の産業革命】紡績・製糸業を中心に起こる

近代の産業

1 次の◯にあてはまる語句を，下の◯の中から選びましょう。

(1) 1880年代，紡績・製糸などの _____ が発展しました。

(2) 1900年代には，官営の _____ がつくられ，鉄鋼生産の中心となりました。

(3) _____ は『坊っちゃん』などの作品を発表しました。

(4) _____ は黄熱病の研究を行いました。

> 野口英世　　　軽工業　　　夏目漱石　　　八幡製鉄所

2 次の問いに答えましょう。

(1) 日本で重工業が発達したのは，いつごろですか。次から1つ選んで，記号を書きましょう。

　ア　1880年代　　　イ　1890年代

　ウ　1900年代

(2) 資本主義が発展するとともに，資本家は◯へ成長し，経済を支配しました。◯にあてはまる語句を書きましょう。

(3) 明治時代，『湖畔』をえがいた人物はだれですか。次から1つ選んで，記号を書きましょう。

　ア　黒田清輝　　　イ　樋口一葉　　　ウ　森鷗外

コレだけ！

☐ 紡績・製糸業　　☐ 八幡製鉄所　　☐ 財閥　　☐ 夏目漱石

1 次の問いに答えましょう。(6点×4) ▶ステージ **31** **32** **33**

(1) 17世紀,国王が議会を無視して政治を行ったことから名誉革命が起こった国を,次から1つ選んで,記号を書きましょう。

　　ア　フランス　　　イ　アメリカ
　　ウ　イギリス　　　エ　ドイツ

(2) フランス革命のあと,フランスの皇帝となった人物はだれですか。

(3) アヘン戦争のあと,イギリスと清の間で結ばれた講和条約を何といいますか。

(4) 日米修好通商条約で開かれた港として,**あやまっているもの**を,右の地図中の**ア～オ**から1つ選んで,記号を書きましょう。

2 次の問いに答えましょう。(6点×4) ▶ステージ **34** **37** **41**

(1) 明治政府が,6歳以上の男女に小学校教育を義務づけた法令を何といいますか。

(2) 自由民権運動の中心となり,自由党を結成した人物を,次から1つ選んで,記号を書きましょう。

　　ア　大久保利通　　　イ　板垣退助
　　ウ　伊藤博文　　　　エ　大隈重信

(3) 北九州に設立され,日本の鉄鋼生産の中心となった工場を何といいますか。

(4) 明治時代,小説『坊っちゃん』を書いた人物を,次から1つ選んで,記号を書きましょう。

　　ア　樋口一葉　　　イ　野口英世
　　ウ　森鷗外　　　　エ　夏目漱石

3 次の文章を読んで，あとの問いに答えましょう。(7点×3)　ステージ **33 34**

　　a尊王攘夷運動が高まると，b徳川慶喜は政権を朝廷に返し，江戸幕府がほろびました。新しくつくられた明治政府は，近代的な国家をつくるために，cさまざまな改革を進めました。欧米の文化がさかんに取り入れられ，人々の生活も大きく変化しました。

(1) 文中の下線部 a について，尊王攘夷運動や倒幕運動の中心となった藩を，次から2つ選んで，記号を書きましょう。

　　ア　松前藩　　　イ　対馬藩　　　ウ　薩摩藩　　　エ　長州藩

(2) 文中の下線部 b のできごとを何といいますか。

(3) 文中の下線部 c について，明治政府が，財政収入を安定させるために，右の資料を土地の所有者に発行し，地価の3％を現金でおさめさせた政策を何といいますか。

 4 右の年表を見て，あとの問いに答えましょう。(4)は13点，他は6点×3)　ステージ **37 38 39 40**

(1) 年表中のAについて，この戦いの中心となった，薩摩藩出身の人物はだれですか。

(2) 年表中のBについて，陸奥宗光がイギリスと交渉して撤廃させた権利を何といいますか。

年代	おもなできごと
1877	西南戦争が起こる……………A
1894	不平等条約が一部改正される…B
	日清戦争が起こる……………C
1904	日露戦争が起こる……………D

(3) 年表中のCについて，この戦いのあとに結ばれた下関条約についてあてはまるものを，次から1つ選んで，記号を書きましょう。

　　ア　遼東半島や台湾は，日本のものとなる。
　　イ　樺太はロシア領，千島列島は日本領とする。
　　ウ　韓国における日本の優越権が認められる。

(4) 年表中のDについて，この戦いのあと，国民の不満が高まり，東京の日比谷などで暴動事件が起こりました。これはなぜですか，ポーツマス条約の内容にふれて，簡単に書きましょう。

4章　近代の日本と世界

4章 近代の日本と世界

●近代国家になるまで…

江戸幕府の滅亡
- **不平等条約**が結ばれ，鎖国体制がくずれた。
- **尊王攘夷運動**が広まり**大政奉還**が行われた。

明治維新
- 中央集権国家をめざし，**廃藩置県**を行った。
- 欧米に対抗するため，**富国強兵**をかかげた。

富岡製糸場

大日本帝国憲法の制定
- **天皇**を主権者とする憲法が定められた。
- 翌年に選挙が行われ，**帝国議会**が開かれた。

●日清戦争と日露戦争…

ロシア　清　日本

[日清戦争] **下関条約**が結ばれた。
- 賠償金2億両と台湾などを得た。
- **三国干渉**が起こり，ロシアと対立した。

[日露戦争] **ポーツマス条約**が結ばれた。
- 賠償金が得られず，暴動が起きた。
- のちに日本は**韓国併合**を行った。

日本　ロシア

近代をクリア！

次の時代へ進もう

5章 近現代の日本と世界

大正時代②〜平成

この時代の課題

●太平洋戦争（たいへいようせんそう）までの流れを調べよう！

●戦後の日本のようすを探ろう！

第一次世界大戦の広がりをおさえよう！

1914年，三国協商を結ぶ連合国と三国同盟を結ぶ同盟国の間で第一次世界大戦が起こりました。この戦争に日本は連合国側として参戦しました。

どうして連合国側として参戦したのかしら。

❶ 第一次世界大戦

ヨーロッパでは，**三国協商**を結んだ連合国と**三国同盟**を結んだ同盟国で対立し，**第一次世界大戦**に発展しました。

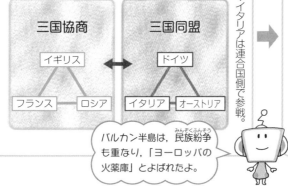

三国協商
イギリス
フランス ── ロシア

三国同盟
ドイツ
イタリア ── オーストリア

＊イタリアは連合国側で参戦。

バルカン半島は，民族紛争も重なり，「ヨーロッパの火薬庫」とよばれたよ。

各国が，国民や資源を総動員する**総力戦**となりました。

戦車

戦闘機

やがて，アメリカや日本も参戦し，連合国側の勝利で終わり，**ベルサイユ条約**が結ばれました。

この条約でドイツは植民地を失い，賠償金を課せられたのね。

❷ 第一次世界大戦と日本

日本の参戦

イギリスと日英同盟を結んでいた日本は，連合国側として参戦し，中国に**二十一か条の要求**を示しました。

> 一 中国は，ドイツのもっている山東省の権利をすべて日本にゆずる。
> 一 日本の旅順・大連の租借権などの期限を延長する。　〈部分要約〉

大戦景気

大戦で，ヨーロッパからの輸入が止まったことなどから，**大戦景気**をむかえました。

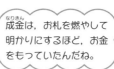

成金は，お札を燃やして明かりにするほど，お金をもっていたんだね。

見てわかる
資料集

大戦景気

ヨーロッパからの輸入が止まったこともあり，国内で重工業が発達し，好景気となりました。

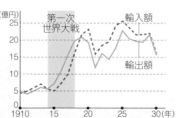

（億円）
第一次世界大戦
輸入額
輸出額
25
20
15
10
5
0
1910　15　20　25　30（年）

（『日本外国貿易年表』）

連合国から軍需品の注文が入って，輸出額が増えたよ。

解いてみよう！　　解答p.13

月　日

年代ゴロ！
1 9　　1 4
戦（いくさ）だ，いよいよ大戦だ
【1914年】第一次世界大戦が起こる

1914
年

1 次の□□にあてはまる語句を，下の┌┄┄┐の中から選びましょう。

⑴　1914年，連合国と同盟国が対立し，□□□□□□□□□が起こりました。

⑵　戦争は，連合国側の勝利で終わり，□□□□□□□□□が結ばれました。

⑶　日本は，イギリスと結んでいた□□□□□□□を理由に，連合国側として参戦しました。

⑷　大戦でヨーロッパからの輸入が止まったことなどから，日本国内は，□□□□□□□をむかえました。

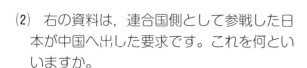

第一次世界大戦　　　日英同盟　　　大戦景気　　　ベルサイユ条約

2 次の問いに答えましょう。

⑴　右の図は，第一次世界大戦前の国際関係を示しています。図中の A ・ B にあてはまる語句をそれぞれ書きましょう。

A □□□□□□□

B □□□□□□□

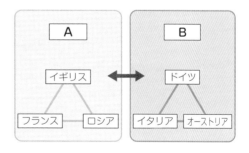

⑵　右の資料は，連合国側として参戦した日本が中国へ出した要求です。これを何といいますか。

□□□□□□□

一　中国は，ドイツのもっている山東省の権利をすべて日本にゆずる。
一　日本の旅順・大連の租借権などの期限を延長する。　〈部分要約〉

コレだけ！

□ 第一次世界大戦　　　□ 二十一か条の要求　　　□ ベルサイユ条約

第一次世界大戦後の世界をおさえよう！

第一次世界大戦後，ロシアで社会主義の政府が生まれました。また，民族自決が唱えられ，各地で独立運動が高まりました。

第一次世界大戦後に広がった考えをおさえよう。

① ロシア革命

1917年 **ロシア革命**

レーニンの指導の下，労働者と農民による社会主義の政府ができました。

◀レーニン

1918年 **シベリア出兵**

日本をふくむ各国は，社会主義の広がりをおそれて大軍を派遣しましたが，失敗しました。

日本では，シベリア出兵をきっかけに米の値段が上がり，米騒動が起こったよ。

1922年

ソビエト社会主義共和国連邦（ソ連）の成立

共産主義の実現をかかげ，のちに**五か年計画**を始めました。

ソ連は社会主義の国だったんだね。

② アジアの民族運動

広がる国際協調

アメリカ大統領**ウィルソン**の提案をもとに，**国際連盟**が発足しました。

また，軍備縮小などを求める**ワシントン会議**が開かれました。

▲ウィルソン

このころ，民族自決の考えが唱えられ，多くの国が独立したのよ。

アジアの民族運動

●中国…**二十一か条**の要求に反対し，**五・四運動**が起こりました。

不平等条約廃棄

●朝鮮…日本からの独立を求めて**三・一独立運動**が起こりました。

●インド…**ガンディー**の指導の下，**非暴力・不服従**の抵抗運動が高まりました。

見てわかる 資料集

米騒動

シベリア出兵に向けて米が買いしめられて，米不足が起こったよ。

（円）
東京市内の米の卸売相場　シベリア出兵
米騒動
1914 16 18 20 22 24（年）

米の値段が上がり，米の安売りを求めて，各地で米騒動が起こったんだ。

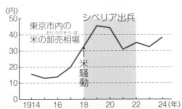

解いてみよう！　　解答p.13

年代ゴロ！
19　　18
商人得して，嫌がる庶民
【1918年】米騒動が起こる
1918年

1 次の□にあてはまる語句を，下の┈┈┈の中から選びましょう。

(1) 第一次世界大戦中の1917年に，レーニンの指導の下，□□□ が始まりました。

(2) 日本では，シベリア出兵を見こした米の買いしめにより米の値段が急に上がり，□□□ が起こりました。

(3) 第一次世界大戦後，アメリカ大統領ウィルソンの提案により，□□□ が設立されました。

(4) 日本の植民地下にあった朝鮮では，□□□ が起こりました。

┌─────────────────────────────┐
　　ロシア革命　　　国際連盟　　　三・一独立運動　　　米騒動
└─────────────────────────────┘

2 次の問いに答えましょう。

(1) ロシア革命に対して，各国が社会主義の広がりをおさえるために大軍を送ったできごとを何といいますか。□□□

(2) 国際連盟が設立されたころ，□の考えが唱えられ，多くの国が独立しました。□にあてはまる語句を書きましょう。□□□

(3) 二十一か条の要求に反対し，五・四運動が起こった国はどこですか。次から1つ選んで，記号を書きましょう。□□□
ア　中国　　　　イ　朝鮮
ウ　インド　　　エ　ソビエト社会主義共和国連邦

コレだけ！
□ ロシア革命　　□ 米騒動　　□ 国際連盟　　□ 五・四運動

大正デモクラシーをおさえよう！

大正時代，大正デモクラシーが唱えられるととも
に，本格的な政党内閣が成立しました。人々の間で
は，社会運動が広がりました。

政党内閣とは，どの
ような内閣だろう。

① 大正デモクラシー

大正時代，民主主義が強く求められるようになりまし
た。この時期は，**大正デモクラシー**とよばれました。

民主主義は英語で
「デモクラシー」
というんだよ。

護憲運動（ごけんうんどう）
藩閥政治を批判し，憲
法にもとづく政治を求め
る運動が起こりました。

憲政擁護

政党内閣
立憲政友会（りっけんせいゆうかい）の**原敬**（はらたかし）が，
初めて本格的な政党内閣
を組織しました。

立憲政友会 大臣たち

普通選挙法（ふつうせんきょほう）
選挙権が満25歳（さい）以上
の男子に与えられまし
た。同時に**治安維持法**（ちあんいじほう）が
制定されました。

陸軍，海軍，外務大臣以
外は立憲政友会の党員で
構成されていたのよ。

② 社会運動の広がり

労働争議（ろうどうそうぎ）
労働者の労働条件改
善が争われました。

小作争議（こさくそうぎ）
農村で小作料引き下
げの争いが起きました。

女性運動
平塚（ひらつか）らい
てう（ちょう）が新婦（しんふ）
人協会（じんきょうかい）を設
立しました。

部落解放運動（ぶらくかいほううんどう）
差別からの解放を求め
て**全国水平社**（ぜんこくすいへいしゃ）が結成され
ました。

③ 大衆文化

ラジオ放送
が始まり，週
刊誌や新聞が
広がりました。

このころの書物
芥川龍之介（あくたがわりゅうのすけ）…『羅生門』（らしょうもん）
小林多喜二（こばやしたきじ）
　…プロレタリア文学

**くらべる
ポイント**

有権者数の変化

満25歳以上のすべての男
子に選挙権が与えられたよ。

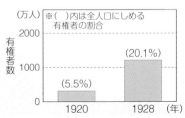
（万人）※（ ）内は全人口にしめる
　　　　　有権者の割合
有権者数
2000
1000　　　　　　　（20.1%）
　　（5.5%）
0
　　1920　　1928（年）
『日本長期
統計総覧』

有権者数はそれま
での約４倍に増加
したよ。

解答p.13

年代ゴロ！
行くよ選挙に，25歳の男子なら
【1925年】普通選挙法が制定される

1925年

解いてみよう！

1 次の ☐ にあてはまる語句を，下の ┈┈ の中から選びましょう。

(1) 大正時代，民主主義が強く求められるようになった時期は，

☐☐☐☐☐☐☐ とよばれました。

(2) 立憲政友会の原敬は本格的な ☐☐☐☐ を組織しました。

(3) 選挙権が満25歳以上の男子に与えられる ☐☐☐☐ が成立しました。

(4) 労働者の団結と労働条件の改善を求めて， ☐☐☐☐ が起こりました。

┄┄┄┄┄┄┄┄┄┄┄┄┄┄┄┄┄┄┄┄┄┄┄┄┄┄┄┄┄┄┄┄┄┄┄┄┄
　　　　普通選挙法　　　労働争議　　　政党内閣　　　大正デモクラシー
┄┄┄┄┄┄┄┄┄┄┄┄┄┄┄┄┄┄┄┄┄┄┄┄┄┄┄┄┄┄┄┄┄┄┄┄┄

2 次の問いに答えましょう。

(1) 初めて本格的な政党内閣を組織した内閣総理大臣はだれですか。

☐☐☐☐

(2) 普通選挙法によって選挙権が与えられたのはどのような人々ですか。次から1つ選んで，記号を書きましょう。 ☐

　ア　直接国税を15円以上おさめる，満25歳以上の男子

　イ　直接国税を3円以上おさめる，満25歳以上の男女

　ウ　満25歳以上のすべての男子

(3) 女性の解放を求めて，新婦人協会を設立した人物はだれですか。

☐☐☐☐

┏━━━━━━━━━━━━━━━━━━━━━━━━━━━━━━━━━━━
コレだけ！
　☐ **政党内閣**　　☐ **原敬**　　☐ **普通選挙法**　　☐ **治安維持法**

世界恐慌での諸国の対応をおさえよう!

1929年，アメリカで起こった恐慌をきっかけに，世界中に不況が広がりました。これに対して，ファシズムとよばれる動きが現れました。

ファシズムはどこの国で見られたのかしら。

① 世界恐慌

世界恐慌

アメリカのニューヨーク市場の株価の暴落をきっかけに，世界中が深刻な不況におちいりました。

アメリカは世界中に影響力をもっていたんだね。

アメリカ

ルーズベルト大統領が**ニューディール政策**を行い，公共事業によって失業者を助けました。

イギリス・フランス

植民地との関係を密接にし，他の国には高い関税をかける**ブロック経済**を行いました。

日本でも昭和恐慌が起こり，人々の生活が苦しくなったよ。

② ファシズムの登場

民主主義を否定し，個人よりも国家を重視する**ファシズム**が登場しました。

国家重視

隣国

イタリア

ファシスト党の**ムッソリーニ**が独裁を行いました。

ドイツ

ヒトラーが率いる**ナチス（国民社会主義ドイツ労働者党）**が独裁を行いました。

ファシズムは他国に対しては武力で侵略をしようとしたのね。

見てわかる資料集

世界恐慌

各国の生産量は減少しているのに，ソ連だけ上昇しているよ。

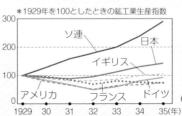

＊1929年を100としたときの鉱工業生産指数

ソ連は五か年計画を進めていたため，世界恐慌の影響を受けませんでした。

（『明治以降 本邦主要経済統計』）

解いてみよう！　　　解答p.14

1 次の□□□にあてはまる語句を，下の□□□の中から選びましょう。

(1) 1929年，アメリカのニューヨーク市場の株価の大暴落をきっかけに，

　　　　　　　　　　　　　が起こりました。

(2) アメリカのルーズベルト大統領は　　　　　　　　　　　　　　　　　を

　行い，失業者を助けました。

(3) イギリスやフランスは，植民地との関係を密接にし，他の国には高い関税をかけ

　る　　　　　　　　　　　　　を行いました。

(4) イタリアやドイツでは，民主主義を否定し，民族や国家を重要視する

　　　　　　　　　　　　　が登場しました。

世界恐慌　　　ファシズム　　　ブロック経済　　　ニューディール政策
---

2 次の問いに答えましょう。

(1) 世界恐慌に対する各国の対応について，次の①・②にあてはまる国を，あとから
　　1つずつ選んで，記号を書きましょう。

　① ニューディール政策を行い，公共事業によって失業者を助けた。

　② 五か年計画を進めていたため，影響を受けなかった。

　　　　　　　　　　　　① 　　　　　　　　　② 　　　　　　　

　ア ソ連　　　イ イギリス　　　ウ アメリカ　　　エ フランス

(2) ファシズムが登場したドイツで，ナチスを率いて独裁を行った人物はだれですか。

　　　　　　　　　　　　　　　　　　　　　　　　　　

コレだけ！

□ 世界恐慌　　□ ニューディール政策　　□ ブロック経済　　□ ファシズム

日中戦争までの流れをおさえよう！

1931年，日本は満州事変を起こし，国際連盟を脱退しました。国内では，軍部が台頭し，中国との対立を深めていきました。

どうして国際連盟を脱退したのかな。

❶ 満州事変

1931年 **満州事変**

南満州鉄道の線路を爆破したことをきっかけに，日本の軍隊が満州を占領し，**満州国**を建国しました。

ソビエト連邦

満州国

中国

朝鮮

日本

1932年 **五・一五事件**

海軍の青年将校らが，満州国を認めない**犬養毅**首相を暗殺しました。

話せば分かる！

1933年 **国際連盟を脱退**

満州国を認めない国際連盟を脱退しました。

国際連盟

1936年には，陸軍将校らが東京の中心部を占拠する二・二六事件も起きたよ。

❷ 日中戦争

1937年 **日中戦争**

日本軍がさらに勢力をのばそうとしたため，日中戦争が始まり，全面戦争となりました。

中国では，内戦をしていた毛沢東と蔣介石が手を組んで，抗日民族統一戦線をつくったのよ。

長引く戦争に対して，日本は**国家総動員法**を定め，国民や物資を優先して戦争にまわしました。

政党が解散され，**大政翼賛会**がつくられました。

物資を切符と交換する配給制になったんだね。

見てわかる 資料集

日中戦争の広がり

北京郊外で起きた盧溝橋事件をきっかけに，日中戦争が始まったよ。

→ 日本軍の進路
■ 日本領（租借地をふくむ）

満州国

北京
盧溝橋
朝鮮

重慶

日本

台湾

戦争は拡大していき，長期化しました。

解いて みよう！　解答p.14

年代ゴロ！
1　9　3　3
とっくにサッサと連盟脱退
【1933年】日本は国際連盟を脱退

1 次の ☐ にあてはまる語句を，下の ☐ の中から選びましょう。

1933 年

(1) 1931年，日本の軍隊（関東軍）は南満州で鉄道の線路を爆破し，

☐ を起こしました。

(2) 1932年，海軍の青年将校らが犬養毅首相を暗殺する ☐

が起こりました。

(3) 1937年，北京郊外で起こった盧溝橋事件をきっかけに ☐ が

始まりました。

(4) 長引く戦争に対して，国民や物資を優先して戦争にまわすため，

☐ が定められました。

> 五・一五事件　　　国家総動員法　　　満州事変　　　日中戦争

2 次の問いに答えましょう。

(1) 五・一五事件で暗殺された当時の首相はだれですか。

☐

(2) 1933年に，日本が国際連盟を脱退したのはなぜですか。次から1つ選んで，記号を書きましょう。

☐

ア　国際連盟にアメリカが不参加だったから。

イ　国際連盟が満州国を認めなかったから。

ウ　日本が国際連盟の常任理事国になれなかったから。

コレだけ！

☐ 満州事変　　☐ 五・一五事件　　☐ 日中戦争　　☐ 国家総動員法

5章

近現代の日本と世界

ポツダム宣言受諾までの流れをおさえよう！

1939年，ヨーロッパで第二次世界大戦が起こり，やがて太平洋戦争が始まりました。戦争は長期化し，日本国内でも被害が拡大していきました。

戦時中の日本のようすに着目しよう。

① 第二次世界大戦の始まり

1939年，ドイツがポーランドに侵攻し，**第二次世界大戦**が始まりました。戦争が拡大する中，ドイツは**独ソ不可侵条約**を破ってソ連に侵攻を開始しました。

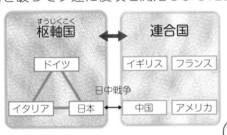

枢軸国 ←→ 連合国

ドイツ

イタリア — 日本 ← 日中戦争 → 中国　アメリカ

イギリス　フランス

② 太平洋戦争

ドイツ，イタリアと**日独伊三国同盟**を結んだ日本が，1941年にアメリカやイギリスを攻撃し，**太平洋戦争**が始まりました。

日本は，アメリカやイギリスと対立を深めたんだ。

③ ポツダム宣言の受諾

戦時下のようす
● **学徒出陣**…大学生が軍隊に召集されました。
● **集団疎開**…空襲を逃れるため，都市の小学生が農村に避難しました。

1945年 **原子爆弾の投下**
アメリカは広島・長崎に原子爆弾を投下しました。

沖縄では，アメリカ軍が上陸し，多くの民間人が犠牲となったのね。

1945年 **ポツダム宣言受諾**
連合国が示したポツダム宣言を受け入れ，8月15日に降伏を発表しました。

たえがたきをたえ…

ようやく苦しい戦争が終わったんだね。

くらべるポイント

日本とアメリカの国力

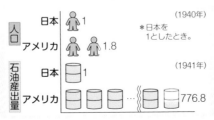

人口　日本 1
アメリカ 1.8　＊日本を1としたとき。（1940年）

石油産出量　日本 1
アメリカ …776.8（1941年）

日本は，石油の大部分をアメリカからの輸入にたよっていたから，戦争によって止められたよ。

（『軍備拡張の近代史』ほか）

解いてみよう！

解答p.14

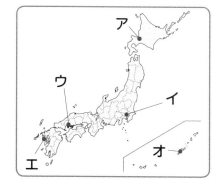

年代ゴロ！

１９４１
行くよいきなり真珠湾
【1941年】太平洋戦争が始まる

1941年

1 次の　　　にあてはまる語句を，下の　　　　の中から選びましょう。

(1) 1939年，ドイツがポーランドに侵攻し，　　　　　　　　　　　　が始まりました。

(2) 1941年，日本がアメリカやイギリスを攻撃したことで，　　　　　　　　　　が始まりました。

(3) 戦時下では，都市の小学生が空襲から逃れるため，農村に避難する　　　　　　　　　　が行われました。

(4) 日本は　　　　　　　　　　　を受け入れて，1945年8月15日，降伏を国民に発表しました。

集団疎開　　　第二次世界大戦　　　ポツダム宣言　　　太平洋戦争

2 次の問いに答えましょう。

(1) 日本がドイツ・イタリアと結んだ軍事同盟を何といいますか。

(2) 原子爆弾が投下された場所を，右の地図中の**ア～オ**から2つ選んで，記号を書きましょう。

(3) アメリカ軍が上陸して戦闘（せんとう）となり，多くの民間人が犠牲となった場所を，右の地図中の**ア～オ**から1つ選んで，記号を書きましょう。

コレだけ！

☐ 第二次世界大戦　　☐ 太平洋戦争　　☐ ポツダム宣言

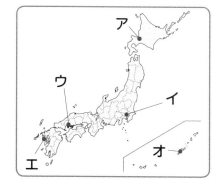

5章

近現代の日本と世界

占領下での日本のようすをおさえよう！

敗戦後，日本は連合国軍の占領下におかれました。マッカーサーを最高司令官とするGHQの指令によりさまざまな戦後改革が行われました。

戦後改革では，どのような政策が行われたのかな。

① 敗戦後の日本

日本は，アメリカを中心とする連合国軍により占領されました。**連合国軍最高司令官総司令部（GHQ）**の指令にもとづき戦後改革が行われました。

戦後改革と同時に，戦争を指導した人々を極東国際軍事裁判で裁いたよ。

② GHQによる戦後改革

経済の民主化

財閥解体が行われ，**労働組合法**や**労働基準法**が定められました。

労働者

資本家

日本国憲法の制定

民主的な国家をつくる基本として，**日本国憲法**が制定されました。翌年には，**教育基本法**が制定されました。

このとき，義務教育を小学校6年，中学校3年と定めたよ。

農村の民主化

農地改革が行われ，地主がもつ小作地を政府が買い上げ，小作人に売りわたしました。

自分の土地をもつ自作農が増えたんだね。

政府

地主　　　小作人

政治の民主化

選挙権は，それまでの満25歳以上の男子から，**満20歳以上の男女**に拡大されました。

投票

くらべるポイント

大日本帝国憲法と日本国憲法

日本国憲法は，1946年11月3日に公布され，1947年5月3日に施行されました。

大日本帝国憲法		日本国憲法
天皇主権	主権	国民主権
法律の範囲内で認められる	人権	基本的人権の尊重
天皇の統帥権，兵役の義務	軍隊	平和主義

天皇は国と国民統合の象徴となったよ。

解いてみよう！

解答p.14

年代ゴロ！
19　4 6
塾で読むよ，日本国憲法
【1946年】日本国憲法が制定される
1946年

1 次の□□にあてはまる語句を，下の┆┆┆┆┆の中から選びましょう。

(1) 敗戦後の日本では，連合国軍最高司令官総司令部（　　　　　　　　　）の指令にもとづいて，戦後改革が行われました。

(2) 経済の民主化が進められ，　　　　　　　　　が行われました。

(3) 　　　　　　　　　は1946年11月3日に公布され，1947年5月3日に施行されました。

(4) 地主がもつ小作地を政府が買い上げて小作人に売りわたす，
　　　　　　　　　が行われました。

GHQ　　農地改革　　日本国憲法　　財閥解体

2 次の問いに答えましょう。

(1) 新しくつくられた日本国憲法の基本原則は，「国民主権」，「基本的人権の尊重」と，あと1つは何ですか。　　　　　　　　　

(2) 右のグラフは，農地改革の前後の自作地と小作地の割合を示しています。自作地を示しているのは，**A・B**のどちらですか。

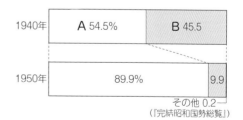

1940年	A 54.5%	B 45.5
1950年	89.9%	9.9

その他 0.2—
（『完結昭和国勢総覧』）

(3) 戦後，選挙権が与えられた人々を，次から1つ選んで，記号を書きましょう。

　ア　満25歳以上の男子　　**イ**　満25歳以上の男女

　ウ　満20歳以上の男女　　　　　　　　　　　

だけ！

□ 連合国軍最高司令官総司令部　□ 財閥解体　□ 農地改革　□ 日本国憲法

章 5 近現代の日本と世界

冷戦の対立関係をおさえよう！

　1945年，二度の戦争の反省から国際連合が設立されました。しかし，アメリカとソ連を中心に世界が2つの陣営に分裂し，冷戦が始まりました。

冷戦は，どのような争いだったのかしら。

① 国際連合の発足

安全保障理事会は，アメリカ，イギリス，フランス，ソ連，中国が常任理事国になったわ。

国際連盟にかわり，**国際連合（国連）** が発足しました。世界の平和と安全を守る機関として**安全保障理事会**が設置されました。

② 冷戦の始まり

　アメリカを中心とする西側陣営と，ソ連を中心とする東側陣営が対立しました。直接戦火を交えない争いだったため**冷たい戦争（冷戦）** とよばれました。

朝鮮半島では，北朝鮮と韓国による朝鮮戦争が起こったよ。

東側陣営
ワルシャワ条約機構加盟国
　ソ連，東ヨーロッパ諸国など

西側陣営
北大西洋条約機構加盟国
　アメリカ，西ヨーロッパ諸国など

ソビエト連邦
アメリカ合衆国
東西ドイツ

日本や韓国などは，アメリカの同盟国になったんだね。

見てわかる資料集
ベルリンの壁

ドイツは東西に分裂し，それぞれ東側陣営，西側陣営が支援したよ。

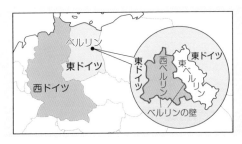
東ドイツ
西ドイツ
ベルリン
東ベルリン
西ベルリン
東ドイツ
西ドイツ
ベルリンの壁

ベルリンの壁は，冷戦の象徴といわれていたよ。

解いてみよう！　　解答p.15

年代ゴロ！
１９４５
平和に行くよ国際連合
【1945年】国際連合が発足する

1945年

1 次の◻にあてはまる語句を，下の⌐¬の中から選びましょう。

(1) 1945年，国際連盟にかわって ◻ が設立されました。

(2) 西ヨーロッパを中心とする西側陣営と，東ヨーロッパを中心とする東側陣営が対立し，直接戦火を交えない ◻ が始まりました。

(3) 朝鮮半島では，北朝鮮と韓国による ◻ が起こりました。

(4) ドイツにある ◻ は，冷戦の象徴とされました。

⌐ - ¬
　　　朝鮮戦争　　　冷戦　　　ベルリンの壁　　　国際連合
└ - ┘

2 次の問いに答えましょう。

(1) 国際連合に設置された，世界の平和と安全を守る機関を何といいますか。

◻

(2) (1)の常任理事国として正しい組み合わせを，次から1つ選んで，記号を書きましょう。

◻

　ア　アメリカ，イギリス，フランス，日本，ドイツ

　イ　アメリカ，イギリス，フランス，ソ連，中国

　ウ　ソ連，フランス，イタリア，中国，ドイツ

(3) 冷たい戦争（冷戦）で対立した西側陣営と東側陣営で中心となった国を，次から1つずつ選んで，記号を書きましょう。

　　　　　　　　西側陣営 ◻　　　　東側陣営 ◻

　ア　ソ連　　　**イ**　ドイツ　　　**ウ**　アメリカ　　　**エ**　中国

コレだけ！
　□ 国際連合　　　□ 冷たい戦争（冷戦）　　　□ ベルリンの壁

50 独立回復後の日本のようすをおさえよう!

1951年，サンフランシスコ平和条約が結ばれ，日本は独立を回復しました。独立を回復したあと，アジアの国々と外交関係を結んでいきました。

日本はどのようにして国際社会に復帰したのかな。

1 独立を回復した日本

占領政策の転換（せんりょうせいさく てんかん）

民主化よりも経済の復興が重視されました。
朝鮮戦争（ちょうせんせんそう）の影響（えいきょう）で，**特需（とくじゅ）景気（けいき）**とよばれる好景気になりました。

朝鮮戦争で使う軍需物資（ぐん じゅぶっし）が日本で調達されたのね。

1951年 **サンフランシスコ平和条約が結ばれる**

日本の独立が回復しました。同時に，**日米安全保障（にちべいあんぜん ほしょう）条約（じょうやく）**が結ばれ，アメリカ軍が日本に残されることになりました。

独立を回復した後も，沖縄（おきなわ）はアメリカの統治下におかれたんだ。

2 独立後の日本の政治と外交

日本の政治

●55年体制
…自由民主党（じ ゆうみんしゅとう）が38年間にわたり政権をとり続けました。

自民党　他の政党　政権

●**安保闘争（あん ぽ とうそう）**
…日米安全保障条約の改定に対して反対運動が起こりました。

年代	日本の外交
1956	日ソ共同宣言（にっ きょうどうせんげん）（ソ連） →ソ連の支持を受け国際連合加盟（こくさいれんごう）
1965	日韓基本条約（にっかん き ほんじょうやく）（韓国）（かんこく）
1972	**沖縄返還（おきなわへんかん）**…非核三原則を唱えた，佐藤栄作内閣（さ とうえいさくないかく）が実現 日中共同声明（にっちゅうきょうどうせいめい）（中国）
1978	日中平和友好条約（にっちゅうへい わ ゆうこうじょうやく）（中国）

さまざまな国との関係を深めたんだね。

見てわかる
資料集

サンフランシスコ平和条約　アメリカなど48か国と結ばれました。

第1条　連合国は，日本国とその領海に対する日本国民の完全な主権を承認する。
第2条　日本国は，朝鮮の独立を承認し，すべての権利を放棄する。　〈部分要約〉

日本の独立が認められたよ。

解答p.15

年代ゴロ！

１９５６
日本も国連，行くころだ
【1956年】日本が国際連合に加盟する

1956
年

解いてみよう！

1 次の□□にあてはまる語句を，下の┈┈の中から選びましょう。

(1) 朝鮮戦争の影響で，日本では，□□□□□□□□□とよばれる好景気となりました。

(2) 1951年，日本は□□□□□□□□□□□□□□を結び，独立を回復しました。

(3) 独立後，自由民主党が38年間にわたり政権をとり続ける□□□□□□□□が続きました。

(4) 佐藤栄作内閣は，1972年に□□□□□□□□を実現させました。

┌──────────────────────────────┐
│ 特需景気　　55年体制　　沖縄返還　　サンフランシスコ平和条約 │
└──────────────────────────────┘

2 次の問いに答えましょう。

(1) 1951年，サンフランシスコ平和条約とともに，アメリカ軍が日本に残されることを決めた条約が結ばれました。この条約を何といいますか。

(2) 1956年，□□を出したことで，日本の国際連合への加盟が実現しました。□□にあてはまる語句を書きましょう。

(3) 沖縄返還を実現させた佐藤栄作内閣が唱えた，核兵器に対する原則を何といいますか。

5章

近現代の日本と世界

コレだけ！

□ サンフランシスコ平和条約　　□ 55年体制　　□ 日ソ共同宣言　　□ 沖縄返還

日本の高度経済成長をおさえよう!

1950年代後半から，日本の経済は急成長を続け，高度経済成長とよばれました。国民の生活が豊かになる一方で，公害問題も深刻化しました。

高度経済成長のころの人々のくらしに着目しよう。

❶ 日本の高度経済成長

人々のくらしも豊かになったのかな。

独立後の日本では，**高度経済成長**が始まりました。技術革新が進み，重化学工業が発展しました。

家庭電化製品の普及

テレビ，冷蔵庫，洗濯機が家庭に普及しました。

交通網の整備

東海道新幹線や高速道路が開通しました。

東京オリンピック

1964年にアジアで初めて開かれました。

❷ 公害問題の発生

大気汚染や水質汚濁などの**公害問題**が深刻化しました。

イタイイタイ病
（神通川流域）

水俣病
（水俣湾沿岸）

新潟水俣病
（阿賀野川流域）

四日市ぜんそく
（四日市市）

これに対し，公害対策基本法が制定されたよ。

❸ 高度経済成長の終結

中東戦争の影響で石油価格が上昇し，**石油危機（オイル・ショック）**が起こりました。これにより，世界で不況が広がり，日本の高度経済成長も終わりました。

見てわかる 資料集

高度経済成長

1973年から1974年にかけて急激に落ちこんでいるよ。

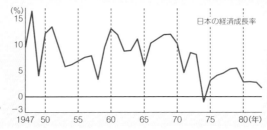

日本の経済成長率

（『経済財政白書』）

石油危機が起こったことで，日本の高度経済成長が終わりました。

解いてみよう！

解答p.15

1 次の◻にあてはまる語句を，下の⌐⌐⌐の中から選びましょう。

(1) 1950年代後半から，経済が急成長する◻が始まりました。

(2) 交通網が整備され，◻や高速道路が開通しました。

(3) 1964年には，アジアで初めて◻が東京で開かれました。

(4) 経済発展が進む中，大気汚染や水質汚濁などの◻が深刻化しました。

⌐ ⌐ ⌐ ⌐ ⌐ ⌐ ⌐ ⌐ ⌐ ⌐ ⌐
東海道新幹線　　　オリンピック　　　公害問題　　　高度経済成長
⌐ ⌐ ⌐ ⌐ ⌐ ⌐ ⌐ ⌐ ⌐ ⌐ ⌐

2 次の問いに答えましょう。

(1) 1964年にアジアで初めてオリンピックが開かれた都市はどこですか。次から1つ選んで，記号を書きましょう。

◻

　ア　札幌　　　イ　長野
　ウ　東京　　　エ　大阪

(2) 高度経済成長のころ，水俣病が発生した地域はどこですか。右の地図中のア〜エから1つ選んで，記号を書きましょう。

◻

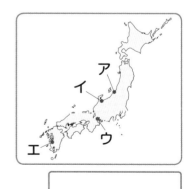

(3) 日本の高度経済成長を終結させた，石油価格が上昇したできごとを何といいますか。

◻

コレだけ！
☐ 高度経済成長　　☐ 東京オリンピック　　☐ 公害問題　　☐ 石油危機

冷戦終結後の日本のようすをおさえよう！

1989年に冷戦の終結が宣言され，1991年にはソ連が解体しました。冷戦後の日本は政治面では55年体制が終わり，経済面ではバブル経済が崩壊して長い不況が続きました。

冷戦後の日本はどのようなようすだったのだろう。

① 冷戦が終結した世界

1989年 冷戦の終結

ベルリンの壁が崩壊し，アメリカとソ連の首脳が冷戦の終結を宣言しました。

このあと1991年に，ソ連は解体されたのよ。

地域統合の動き

政治や経済の結びつきを強めるため，各国が地域統合を進めました。
- ヨーロッパ連合（EU）
- アジア太平洋経済協力会議（APEC）
- 東南アジア諸国連合（ASEAN）

地域紛争

紛争をなくすため，**国連の平和維持活動（PKO）**が行われています。

② 冷戦後の日本

政治

55年体制が崩壊し，政権交代が起こりました。

経済

1980年代後半から，1991年にかけて**バブル経済**とよばれる好景気になりました。

日本の課題

1995年の**阪神・淡路大震災**や2011年の**東日本大震災**は深刻な被害をもたらし，復興や防災対策が進められています。

環境問題

地球温暖化などの環境問題に対し，**京都議定書**のような国際的な取り組みも行われています。

将来の世代の幸せを考えて，「持続可能な社会」の実現が求められているよ。

見てわかる資料集

バブル経済

株価や土地の価格が異常に高くなり，好景気となったよ。

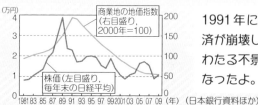

（日本銀行資料ほか）

1991年にバブル経済が崩壊し，長期にわたる不景気となったよ。

解いてみよう！　　　解答p.15

1 次の□□□にあてはまる語句を，下の┈┈┈の中から選びましょう。

(1) 1989年，アメリカとソ連の首脳が □□□□□□□ の終結を宣言しました。

(2) 1991年に社会主義国の □□□□□□□ は解体されました。

(3) 政治や経済の結びつきを強めるため，ヨーロッパ連合（ □□□□□□□ ）
がつくられました。

(4) 日本では，1980年代後半から □□□□□□□ が始まりましたが，
1991年に崩壊しました。

> 冷戦　　　EU　　　バブル経済　　　ソ連

2 次の問いに答えましょう。

(1) 冷戦の終結とともに，冷戦の象徴とよばれた壁が崩壊しました。この壁を何とい
いますか。 □□□□□□□

(2) 地域紛争をなくすために行われる，国連の平和維持活動をアルファベット3字で
何といいますか。 □□□□□□□

(3) 2011年に東日本を中心に深刻な被害をもたらした震災を何といいますか。
□□□□□□□

コレだけ！

□ 冷戦の終結　　□ バブル経済　　□ 東日本大震災　　□ 持続可能な社会

1 次の問いに答えましょう。(6点×4) ステージ 44 45 47

(1) 大正・昭和時代，農村で小作料の引き下げを求めて農民らが起こした争いを何といいますか。

(2) 右の図は，各国の鉱工業生産指数の推移を示しています。ソ連を示しているものを，図中のア～エから1つ選んで，記号を書きましょう。

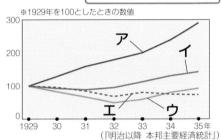

※1929年を100としたときの数値

(『明治以降 本邦主要経済統計』)

(3) 第二次世界大戦が始まったあと，日本が軍事同盟を結んだ国を，次から2つ選んで，記号を書きましょう。

ア イタリア　　イ フランス
ウ ドイツ　　エ イギリス

(4) 太平洋戦争中，兵役を免除されていた大学生が軍隊に召集されたできごとを何といいますか。

2 次の問いに答えましょう。(6点×4) ステージ 50 51 52

(1) 1956年に日本が国際連合に加盟するきっかけとなったできごとを，次から1つ選んで，記号を書きましょう。

ア 日韓基本条約が結ばれる。　　イ 沖縄が返還される。
ウ 日ソ共同宣言が出される。　　エ 日中共同声明が出される。

(2) 1960年代，神通川流域で発生した公害病を，次から1つ選んで，記号を書きましょう。

ア 水俣病　　イ 新潟水俣病
ウ 四日市ぜんそく　　エ イタイイタイ病

(3) 1973年，中東戦争の影響によって起こり，日本の高度経済成長を終結させたできごとを何といいますか。

(4) 1980年代後半から1991年にかけて，株価や土地の価格が異常に高くなって好景気になりました。このような経済を何といいますか。

3 右の年表を見て，次の問いに答えましょう。(7点×4)　ステージ **42** **43** **44**

年代	おもなできごと
1914	第一次世界大戦が始まる……A
	ア
1918	原敬が政党内閣を組織する…B
	イ
1925	普通選挙法が制定される……C
	ウ
1929	世界恐慌が起こる

(1) 年表中の**A**について，ドイツと結ばれた講和条約を何といいますか。

(2) 年表中の**B**の原敬が総裁をつとめていた政党を，次から1つ選んで，記号を書きましょう。

ア　自由党　　　イ　立憲政友会　　　ウ　立憲改進党　　　エ　大政翼賛会

(3) 年表中の**C**の法律と同時に制定された法律を，次から1つ選んで，記号を書きましょう。

ア　治安維持法　　　イ　労働基準法
ウ　教育基本法　　　エ　徴兵令

(4) 米の安売りを求めて各地に米騒動が広がった時期を，年表中の**ア〜ウ**から1つ選んで，記号を書きましょう。

4 次の文章を読んで，あとの問いに答えましょう。((3)は12点，他は6点×2)　ステージ **46** **47** **48**

　1931年，日本の軍隊が満州事変を起こし，満州国を建国しました。日本軍がさらに勢力をのばそうとしたことから，a 中国との全面戦争が始まりました。やがてアメリカとも対立して，b 太平洋戦争も始まり，人々の生活は苦しくなりました。日本が降伏すると，連合国軍の統治下におかれ，c 戦後改革が行われました。

(1) 文中の下線部**a**について，戦争が長期化する中，国民や物資を優先して戦争にまわすことを定める法律が出されました。この法律を何といいますか。

(2) 文中の下線部**b**について，この戦争の末期に広島と長崎へ投下された兵器を何といいますか。

(3) 文中の下線部**c**について，右の図は，農地改革の前後の自作地と小作地の割合です。
自作地と小作地はどのように変化しましたか，簡単に書きましょう。

| 1940年 | 自作地 54.5% | 小作地 45.5 |
| 1950年 | 89.9% | 9.9 |

その他 0.2
(『完結昭和国勢総覧』)

5章

近現代の日本と世界

127

5章 近現代の日本と世界

●太平洋戦争までの流れ…

世界恐慌

- 世界恐慌の影響で，日本も昭和恐慌が起きた。

満州事変

- 日本の軍隊が満州国を建国し，国際連盟を脱退した。
- 軍部が力をもった。

太平洋戦争

- 日独伊三国同盟を結び，太平洋戦争が始まった。
- ポツダム宣言を受諾し，降伏した。

●戦後の日本のようす…

[1945年〜] 戦後改革
- 日本国憲法が制定された。
- 財閥解体や農地改革など，民主化が進められた。

普通選挙法の改正

東京オリンピック

[1950年ごろ〜] 高度経済成長

日本の経済が急成長を続け，人々のくらしが豊かになった。

近現代をクリア！　さあ，未来へ帰ろう！

ここまでおつかれさま！これで歴史の学習の基本が身に付いたね！

これでテストもこわくないぞ！

□ 編集協力　㈲マイプラン　㈲Key.B.C
□ 本文デザイン　studio1043　CONNECT
□ DTP　㈲マイプラン
□ 図版作成　㈲マイプラン
□ 写真提供　京都外国語大学付属図書館　京都大学附属図書館　宮内庁三の丸尚蔵館　Kobe City Museum　国立国会図書館　埼玉県
　　　　　　立さきたま史跡の博物館　正倉院　種子島開発総合センター　種子島時邦　長善寺　TNM Image Archives　DNPartcom
　　　　　　東京文化財研究所　東洋計量史資料館（東洋計器）　徳川美術館　©徳川美術館イメージアーカイブ　長崎歴史文化博物
　　　　　　館　日本銀行貨幣博物館　PIXTA　姫路市　平等院　文化庁　mizoula　山口県文書館　横浜ユーラシア文化館　（敬称
　　　　　　略・順不同）
□ イラスト　はなのしん

シグマベスト
ぐーんっとやさしく
中学歴史

本書の内容を無断で複写（コピー）・複製・転載することを禁じます。また，私的使用であっても，第三者に依頼して電子的に複製すること（スキャンやデジタル化等）は，著作権法上，認められていません。

編　者　文英堂編集部
発行者　益井英郎
印刷所　株式会社加藤文明社
発行所　株式会社文英堂
　　　　〒601-8121　京都市南区上鳥羽大物町28
　　　　〒162-0832　東京都新宿区岩戸町17
　　　　（代表）03-3269-4231

中学歴史

ぐーんっと
やさしく

解答と解説

文英堂

ステージ 1　人類の出現と進化
人類の進化をおさえよう！

1 次の◯にあてはまる語句を，下の◯◯◯の中から選びましょう。

(1) 最古の人類である猿人は，今から約700万年から600万年前に
アフリカ に現れました。

(2) 今から200万年ほど前，火や言葉を使う **原人** が現れました。

(3) 人類が打製石器を用いて，狩りや採集を行っていた時代を
旧石器時代 といいます。

(4) 1万年ほど前には，石をみがいて **磨製石器** がつくられるようになり
ました。

> 磨製石器　　旧石器時代　　原人　　アフリカ

2 次の問いに答えましょう。

(1) 現在の人類の直接の祖先にあたるのは，猿人，原人，新人のうちどれですか。
人類は，猿人，原人，新人の
順で進化した。
新人

(2) 右のア・イは，打製石器と磨製石器のどちらです
か。それぞれ答えましょう。

ア **打製石器** 　イ **磨製石器**

(3) 旧石器時代の説明として正しいものを，次から1つ選んで，記号を書きましょう。
ア 石の表面をみがいた磨製石器が使われていた。
イ 食物を煮るための土器が使われていた。
ウ 打製石器を用いて，狩りや採集を行っていた。
ウ

ステージ 2　古代文明と宗教のおこり
古代文明をおさえよう！

1 次の◯にあてはまる語句を，下の◯◯◯の中から選びましょう。

(1) ナイル川の流域では **エジプト** 文明がおこり，象形文字や太陽暦が発
明されました。

(2) **インダス** 文明では，道路や水路が整備されたモヘンジョ・ダロとい
う都市がつくられました。

(3) 中国を統一した秦の始皇帝は，北方の遊牧民族の侵入を防ぐために
万里の長城 を築きました。

(4) 紀元前後に生まれたイエスの教えが『聖書』にまとめられ，
キリスト 教として広まりました。

> インダス　　エジプト　　万里の長城　　キリスト

2 次の問いに答えましょう。

(1) メソポタミア文明で発明されたものを，次から1つ選んで，記号を書きましょう。
ア 象形文字　　イ くさび形文字
ウ 太陽暦　　エ 万里の長城
イ

(2) 中国の殷でつくられた，亀の甲や牛の骨に刻まれた右の
ような文字を何といいますか。

甲骨文字
甲骨文字は漢字のもととなった。

(3) 7世紀のアラビア半島で，ムハンマドが開いた宗教を何といいますか。
イスラム教

ステージ 3　縄文時代の文化
縄文時代の特色をつかもう！

1 次の◯にあてはまる語句を，下の◯◯◯の中から選びましょう。

(1) **氷期** が終わると，氷がとけて海面が上がり，日本列島が今のす
がたになりました。

(2) 縄文時代，魚や木の実を煮て食べるために，**縄文土器** が使われてい
ました。

(3) 縄文時代の人々は，地面をほったくぼみに柱を立てて屋根をかけた，
たて穴住居 に住んで生活していました。

(4) 人々は，食べ物の残りかすなどを **貝塚** に捨てていました。

> たて穴住居　　氷期　　縄文土器　　貝塚

2 次の問いに答えましょう。

(1) 日本列島がつくられたころのようすとして正しいものを，次から1つ選んで，記
号を書きましょう。
イ
ア マンモスが大陸からやってくるようになった。
イ 魚や貝が豊富にとれるようになった。　　日本列島が形成されたのは，
ウ 氷河時代が始まり，海面が下がった。　　今から1万年ほど前。

(2) 縄文時代に，魔よけや食物の豊かさをいのるためにつくられた，
右のような焼き物を何といいますか。
土偶

ステージ 4　弥生文化と邪馬台国
弥生時代の特色をつかもう！

1 次の◯にあてはまる語句を，下の◯◯◯の中から選びましょう。

(1) 紀元前4世紀ごろ，九州北部に **稲作** が伝わり，やがて東日本ま
で広がりました。

(2) ねずみや湿気を防ぐために，**高床倉庫** をつくり，収穫した米を蓄え
ました。

(3) 稲作とともに，青銅器や鉄器などの **金属器** が伝わりました。

(4) 1世紀半ばごろ，倭の奴国の王が，後漢に使いを送り，「漢委奴国王」と刻まれ
た **金印** を授けられました。

> 金印　　稲作　　金属器　　高床倉庫

2 次の問いに答えましょう。

(1) 稲作が伝わったころ，高温で焼いた，薄手で赤褐色をした土器が使われるように
なりました。この土器を何といいますか。
弥生土器

(2) 稲作とともに伝わり，祭りに使われた右のような道具を何
といいますか。次から1つ選んで，記号を書きましょう。
ア 金印　　イ 打製石器
ウ 鉄器　　エ 青銅器
エ

祭りの道具

(3) 239年に，魏に使いを送った邪馬台国の女王はだれですか。
卑弥呼が使いを送ったことは，
『魏志倭人伝』という書物に記されている。
卑弥呼

ステージ 5 — 古墳時代
大和政権の広がりをおさえよう！

❶ 次の◻️◻️にあてはまる語句を，下の⬚⬚⬚の中から選びましょう。

(1) 近畿地方の有力な豪族を中心に **大和政権** がつくられ，勢力を広げました。

(2) 王や豪族の墓として，各地に大きな **古墳** がつくられました。

(3) 王や豪族の墓の周りには，土を焼いてつくられた **埴輪** がおかれました。

(4) 古墳時代には，大陸から一族で移り住んだ **渡来人** が，漢字や仏教を日本に伝えました。

大和政権	渡来人	埴輪	古墳

❷ 次の問いに答えましょう。

(1) 大和政権の王は，やがて何とよばれるようになりましたか。
大和政権は，現在の奈良県を中心に成立した。 **大王**

(2) 円形と方形を組み合わせた，右のような形の古墳を何といいますか。 **前方後円墳**

(3) 右の地図は，5世紀ごろの朝鮮半島を示しています。Xの国を，次から1つ選んで，記号を書きましょう。 **ウ**
ア 高句麗　イ 百済
ウ 新羅　エ 伽耶

ステージ 6 — 飛鳥時代
聖徳太子の政治をおさえよう！

❶ 次の◻️◻️にあてはまる語句を，下の⬚⬚⬚の中から選びましょう。

(1) 聖徳太子は，冠の色で役人の地位を区別し，才能のある人を取り立てようと，**冠位十二階** の制度を定めました。

(2) 小野妹子は，中国の進んだ文化や制度を取り入れるために **遣隋使** として隋に派遣されました。

(3) 聖徳太子が建てた **法隆寺** には，釈迦三尊像がまつられました。

(4) 中大兄皇子は，中臣鎌足とともに **大化の改新** とよばれる政治改革を始めました。

大化の改新	冠位十二階	遣隋使	法隆寺

❷ 次の問いに答えましょう。

(1) 右の資料は，聖徳太子が定めたものです。この法令を何といいますか。
役人の心構えを示した。 **十七条の憲法**

一に曰く，和をもって貴しとなし，さからうことなきを宗とせよ。二に曰く，あつく三宝を敬え。三宝とは，仏・法（仏教の教え）・僧なり。（部分要約）

(2) 聖徳太子が法隆寺を建てたころに栄えた，日本で最初の仏教文化を何といいますか。 **飛鳥文化**

(3) 大化の改新で示された，豪族が支配していた土地や人民を，国が直接支配するという方針を何といいますか。 **公地・公民**

ステージ 7 — 律令国家の成立
律令国家のしくみをおさえよう！

❶ 次の◻️◻️にあてはまる語句を，下の⬚⬚⬚の中から選びましょう。

(1) 701年，唐の法律にならって **大宝律令** がつくられました。

(2) 710年，碁盤の目のように道路が整えられた **平城京** が奈良につくられました。

(3) 戸籍に登録された6歳以上の人々に口分田が与えられ，死んだら国に返すきまりを **班田収授法** といいます。

(4) 不足した口分田を補おうと，人々に開墾をすすめるため，**墾田永年私財法** が定められました。

班田収授法	墾田永年私財法	平城京	大宝律令

❷ 次の問いに答えましょう。

(1) 平城京は中国の（　）の都・長安にならってつくられました。（　）にあてはまる中国の王朝を，次から1つ選んで，記号を書きましょう。 **エ**
ア 秦　イ 魏　ウ 隋　エ 唐

(2) 奈良時代につくられた，右のような貨幣を何といいますか。
平城京の市で使われた。 **和同開珎**

(3) 口分田の面積に応じて，稲をおさめる負担を何といいますか。次から1つ選んで，記号を書きましょう。 **ア**
ア 租　イ 庸　ウ 調　エ 防人
庸は布をおさめる税，調は地方の特産物をおさめる税。

ステージ 8 — 奈良時代の文化
奈良時代の文化の特色をつかもう！

❶ 次の◻️◻️にあてはまる語句を，下の⬚⬚⬚の中から選びましょう。

(1) 唐の制度や文化を学ぶため，何度も **遣唐使** が派遣されました。

(2) 東大寺の **正倉院** という倉庫には，シルクロードを通ってもたらされた宝物がおさめられました。

(3) 奈良時代，日本の歴史をまとめた『**古事記**』や『日本書紀』がつくられました。『古事記』や『日本書紀』は，日本の神話や歴史がまとめられた書物。

(4) **聖武天皇** は，仏教の力にたよって国を守ろうと，国ごとに国分寺と国分尼寺を建て，東大寺には大仏をつくらせました。

正倉院	遣唐使	聖武天皇	古事記

❷ 次の問いに答えましょう。

(1) 奈良時代に栄えた，仏教や唐の影響を受けた国際色豊かな文化を何といいますか。 **天平文化**

(2) 天皇や貴族だけでなく，防人や農民の歌もおさめられた和歌集を何といいますか。次から1つ選んで，記号を書きましょう。 **ウ**
ア 『古事記』　イ 『日本書紀』　ウ 『万葉集』

(3) 右のような大仏がつくられたのは，奈良の何という寺ですか。 **東大寺**

3

平安京の成り立ちをおさえよう！

1 次の□□にあてはまる語句を，下の□□□の中から選びましょう。

(1) 794年，桓武天皇は京都の [平安京] に都を移しました。

(2) 征夷大将軍に任じられた [坂上田村麻呂] は，東北地方の蝦夷と戦いました。

(3) 唐の勢力が急速におとろえたため，[菅原道真] の提案により，遣唐使の派遣が停止されました。

(4) 唐にわたった最澄は，日本に [天台宗] を伝えました。

> 坂上田村麻呂　　菅原道真　　天台宗　　平安京

2 次の問いに答えましょう。

(1) 混乱した政治を立て直すため，平安京に都を移した天皇はだれですか。
都は奈良から京都に移された。　　[桓武天皇]

(2) 唐がほろびたあと，中国を統一した王朝を何といいますか。次から1つ選んで，記号を書きましょう。　　[ウ]

ア 隋　イ 漢　ウ 宋　エ 魏

(3) 真言宗を伝え，高野山に金剛峯寺を建てた人物はだれですか。　　[空海]

摂関政治をおさえよう！

1 次の□□にあてはまる語句を，下の□□□の中から選びましょう。

(1) 娘を天皇のきさきにして勢力をのばした [藤原氏] は，摂政や関白の役職について政治の実権をにぎりました。

(2) 摂政や関白が中心となって行われた政治を [摂関政治] といいます。

(3) 平安時代，唐の文化をもとにして，日本の風土や生活にあった [国風文化] が栄えました。

(4) 念仏を唱えて死後に極楽浄土へ生まれ変わることを願う [浄土信仰] が人々に広まり，平等院鳳凰堂がつくられました。

> 摂関政治　　藤原氏　　国風文化　　浄土信仰

2 次の問いに答えましょう。

(1) 平安時代，摂関政治を行い，右の歌をよんだ人物はだれですか。
藤原道長は，藤原氏の栄華を築いた。　　[藤原道長]

この世をば わが世とぞ思う 望月の 欠けたることも なしと思えば

(2) 右のように漢字を変形させて，日本語の発音を表せるようにした文字をまとめて何といいますか。
ひらがなは，おもに女性が用いた。　　[かな文字]

安→安→あ
阿→阝→ア

(3) 国風文化が栄えたころ，紀貫之がまとめた和歌集を何といいますか。次から1つ選んで，記号を書きましょう。　　[ウ]

ア 「枕草子」　イ 「万葉集」
ウ 「古今和歌集」　エ 「源氏物語」

確認テスト　1章

1 (1)ア　(2)ウ　(3)万里の長城

[解説] (2)エジプト文明は，ナイル川の流域で発達した。

2 (1)渡来人　(2)班田収授法
(3)イ　(4)エ　(5)摂政，関白

[解説] (5)藤原氏は，天皇が幼少のときに摂政，成人のときには関白の役職について，実権をにぎった。

3 (1)貝塚　(2)ウ
(3)大和政権（ヤマト王権）　(4)埴輪

[解説] (2)卑弥呼が魏に使いを送ったことは，『魏志倭人伝』に記されている。

4 (1)イ　(2)ウ，エ
(3)例 仏教の力にたよって国を守るため。

[解説] (3)聖武天皇は，国ごとに国分寺・国分尼寺もつくるよう命じた。

武士の成長をつかもう！

1 次の□□にあてはまる語句を，下の□□□の中から選びましょう。

(1) 武士の中には家来を従え [武士団] をつくる者も現れました。

(2) 東北地方では，[奥州藤原氏] という一族が力をもちました。

(3) 武士は，荘園の農民から [年貢] を集め，貴族や寺社におさめて，領地を保護してもらっていました。

(4) [白河天皇] は，上皇になり，院政を始めました。

> 武士団　　白河天皇　　奥州藤原氏　　年貢

2 次の問いに答えましょう。

(1) 奥州藤原氏が建てた建物を，次から1つ選んで，記号を書きましょう。　　[ア]

ア 中尊寺金色堂　イ 法隆寺
ウ 平等院鳳凰堂　エ 東大寺

(2) 白河天皇は，天皇の位をゆずったあと，上皇として政治の実権をにぎりました。この政治を何といいますか。　　[院政]

(3) (2)の政治が行われている中，朝廷で起こった内乱を，次から2つ選んで，記号を書きましょう。　　[ア] [ウ]

ア 保元の乱　イ 将門の乱
ウ 平治の乱　エ 壬申の乱

壬申の乱は飛鳥時代，平将門の乱は平安時代初期に起こった。

源平の争乱をおさえよう！

1 次の□にあてはまる語句を，下の□□の中から選びましょう。

(1) 源氏を破った　平清盛　は，武士として初めて太政大臣となり，政治の実権をにぎりました。

(2) (1)は，航路を整え，港を整備し，日宋貿易　を行いました。

(3) 思い通りに政治を進める平氏に反発する者が増え，源頼朝　や源義経が兵を挙げました。

(4) 源義経は　壇ノ浦の戦い　で，平氏をほろぼしました。

> 源頼朝　　平清盛　　日宋貿易　　壇ノ浦の戦い

2 次の問いに答えましょう。

(1) 平清盛は，武士として初めて□に任命されました。□にあてはまる役職を，次から1つ選んで，記号を書きましょう。
ア　摂政　　　イ　関白
ウ　太政大臣　エ　征夷大将軍
　　　　　　　　　　　　ウ
朝廷の最高の官職。

(2) 平清盛が貿易を行った中国の王朝を何といいますか。
宋

(3) 壇ノ浦の戦いが起こった場所を，右の地図中のア〜エから1つ選んで，記号を書きましょう。
エ

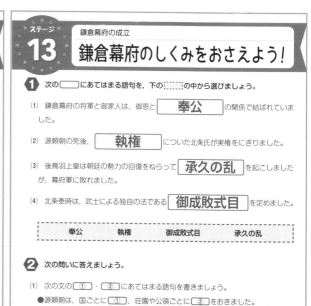

鎌倉幕府のしくみをおさえよう！

1 次の□にあてはまる語句を，下の□□の中から選びましょう。

(1) 鎌倉幕府の将軍と御家人は，御恩と　奉公　の関係で結ばれていました。

(2) 源頼朝の死後，執権　についた北条氏が実権をにぎりました。

(3) 後鳥羽上皇は朝廷の勢力の回復をねらって　承久の乱　を起こしましたが，幕府軍に敗れました。

(4) 北条泰時は，武士による独自の法である　御成敗式目　を定めました。

> 奉公　　執権　　御成敗式目　　承久の乱

2 次の問いに答えましょう。

(1) 次の文の①・②にあてはまる語句を書きましょう。
●源頼朝は，国ごとに①，荘園や公領ごとに②をおきました。
①　守護　　②　地頭

(2) 右下の図は，将軍と御家人の主従関係です。Xにあてはまる内容を，次から1つ選んで，記号を書きましょう。
ウ
ア　朝廷の監視を行う。
イ　戦いの時に，命をかけて戦う。
ウ　領地を保護し，新しい領地を与える。

将軍 ←─ X ─ 御家人
Xは御恩を示している。

武士の生活をつかもう！

1 次の□にあてはまる語句を，下の□□の中から選びましょう。

(1) 武士は，地頭　に任命され，荘園や公領をおさめていました。

(2) 武士は，戦いに備えて，日ごろから武芸で心身をきたえたことから，「弓馬の道」とよばれる武士の心構えが育ちました。

(3) 桑や茶など，原料や商品として売る　商品作物　も栽培されるようになりました。

(4) 交通の便利なところには　定期市　が開かれ，米や布が販売されました。

> 弓馬の道　　地頭　　商品作物　　定期市

2 次の問いに答えましょう。

(1) 鎌倉時代の農民のようすとして正しいものを，次から1つ選んで，記号を書きましょう。
ア
ア　地頭と荘園領主に二重に支配されていた。
イ　地頭に任命され，勝手に土地を支配していた。
ウ　朝廷から，荘園領主に任命されていた。

(2) 同じ田畑で，米と麦を交互につくる栽培方法を何といいますか。
二毛作などにより，農業生産力が高まった。
二毛作

鎌倉文化の特色をつかもう！

1 次の□にあてはまる語句を，下の□□の中から選びましょう。

(1) 鎌倉時代には，東大寺南大門の　金剛力士像　のように，親しみがあり，力強い印象の文化が生まれました。

(2) 琵琶法師は「平家物語」を語り伝え，人々に広めました。

(3) 法然は　浄土宗　を開き，「南無阿弥陀仏」と念仏を唱えれば，だれでも極楽浄土に生まれ変われると説きました。

(4) 栄西や道元は，座禅を組んでさとりを開く　禅宗　を宋から伝えました。

> 浄土宗　　禅宗　　平家物語　　金剛力士像

2 次の問いに答えましょう。

(1) 右の彫刻をつくった人物を，次から1つ選んで，記号を書きましょう。
ア　紀貫之　　イ　運慶
ウ　鴨長明　　エ　兼好法師
イ

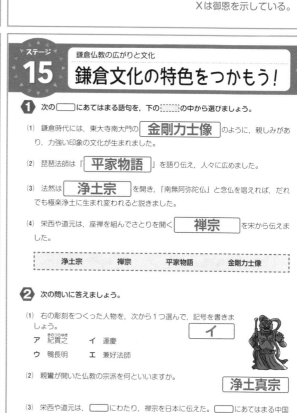

(2) 親鸞が開いた仏教の宗派を何といいますか。
浄土真宗

(3) 栄西や道元は，□にわたり，禅宗を日本に伝えた。□にあてはまる中国の王朝を何といいますか。
禅宗は，座禅を組んでさとりを開く教え。
宋

モンゴルの襲来
元寇についておさえよう！

1 次の____にあてはまる語句を，下の____の中から選びましょう。

(1) モンゴル帝国の皇帝 **フビライ・ハン** は，日本に従うように要求しました。 フビライ・ハンは中国を支配し，元と名付けた。

(2) 幕府が，フビライの要求を拒否したため，元軍が2度にわたって攻めてきました。これを **元寇** といいます。

(3) 幕府は，経済的に苦しむ御家人を助けようと **徳政令** を出しましたが，効果はありませんでした。

(4) 足利尊氏などを味方につけた **後醍醐天皇** は，鎌倉幕府をほろぼしました。

> 後醍醐天皇　　フビライ・ハン　　徳政令　　元寇

2 次の問いに答えましょう。

(1) フビライの要求を退けた鎌倉幕府の執権はだれですか。 **北条時宗**

(2) 次の文の①・②にあてはまる語句を書きましょう。
●元による1度目の襲来を①，2度目の襲来を②といいます。
① **文永の役**
② **弘安の役**

(3) 右は，モンゴル軍との戦いのようすをえがいたものです。幕府軍は，X・Yのどちらですか。 **Y**

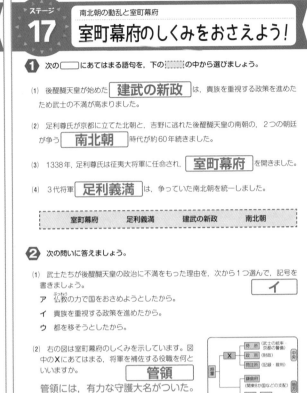

南北朝の動乱と室町幕府
室町幕府のしくみをおさえよう！

1 次の____にあてはまる語句を，下の____の中から選びましょう。

(1) 後醍醐天皇が始めた **建武の新政** は，貴族を重視する政策を進めたため武士の不満が高まりました。

(2) 足利尊氏が京都に立てた北朝と，吉野に逃れた後醍醐天皇の南朝の，2つの朝廷が争う **南北朝** 時代が約60年続きました。

(3) 1338年，足利尊氏は征夷大将軍に任命され，**室町幕府** を開きました。

(4) 3代将軍 **足利義満** は，争っていた南北朝を統一しました。

> 室町幕府　　足利義満　　建武の新政　　南北朝

2 次の問いに答えましょう。

(1) 武士たちが後醍醐天皇の政治に不満をもった理由を，次から1つ選んで，記号を書きましょう。 **イ**
ア 仏教の力で国をおさめようとしたから。
イ 貴族を重視する政策を進めたから。
ウ 都を移そうとしたから。

(2) 右の図は室町幕府のしくみを示しています。図中のXにあてはまる，将軍を補佐する役職を何といいますか。 **管領**
管領には，有力な守護大名がついた。

産業の発達と人々の生活
室町時代の生活をおさえよう！

1 次の____にあてはまる語句を，下の____の中から選びましょう。

(1) 都市では，商人や手工業者が，同業者の組合である **座** をつくり，営業を独占しました。

(2) 農村では有力者を中心に **惣** をつくり，自治を行うようになりました。 惣では村のおきてが定められていた。

(3) 農民は，借金の帳消しを求めて **土一揆** を起こしました。

(4) 尚氏が建国した **琉球王国** は，さまざまな国と産物をやりとりする中継貿易で栄えました。

> 琉球王国　　土一揆　　座　　惣

2 次の問いに答えましょう。

(1) 室町時代に活躍した，馬を用いて物資を運ぶ業者を何といいますか。 **馬借**

(2) 右の資料は，明との貿易で用いられた証明書です。これを何といいますか。 **勘合**

(3) (2)の証明書は，海賊行為を行っていた____と正式な貿易船を区別するために用いられました。____にあてはまる語句を書きましょう。 **倭寇**

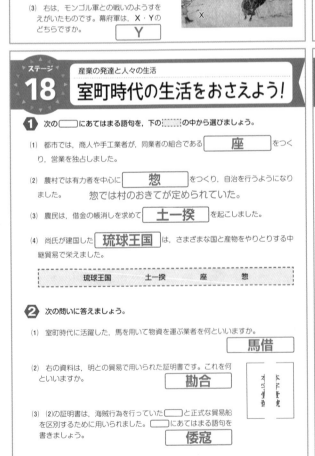

応仁の乱と戦国時代
戦乱の広がりをおさえよう！

1 次の____にあてはまる語句を，下の____の中から選びましょう。

(1) 8代将軍足利義政のあとつぎをめぐって，**応仁の乱** が起こり，戦乱が全国に広がりました。

(2) 加賀では，浄土真宗を信仰する武士や農民が守護大名を追い払う **一向一揆** が起こりました。

(3) 力のある者が，実力で上の身分の者をたおす **下剋上** の風潮が全国に広まりました。

(4) 各地の戦国大名は，城の周辺に **城下町** をつくりました。

> 一向一揆　　下剋上　　応仁の乱　　城下町

2 次の問いに答えましょう。

(1) 室町幕府の8代将軍はだれですか。 **足利義政**
足利義政は，東山に銀閣を建てた。

(2) 応仁の乱以後，各地で権力をにぎり，領地を独自に支配した人々を，次から1つ選んで，記号を書きましょう。 **ウ**
ア 貴族　　　イ 守護
ウ 戦国大名　　エ 天皇

(3) (2)が領地で定めた右のようなきまりを何といいますか。 **分国法**

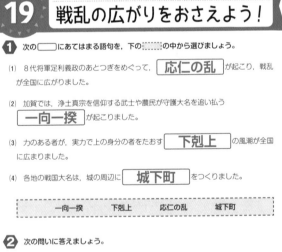

一 けんかをした者は，いかなる理由による者でも処罰する。
（部分要約）

ステージ 20 室町時代の文化
室町文化の特色をつかもう！

1 次の◯◯にあてはまる語句を，下の◯◯の中から選びましょう。

(1) 3代将軍足利義満は，京都の北山に **金閣** を建てました。

(2) 観阿弥・世阿弥は **能** を大成しました。

(3) 8代将軍足利義政のころに栄えた，武士をにない手とする簡素で気品のある文化を **東山文化** といいます。

(4) 民衆の間では，『一寸法師』など **御伽草子** とよばれる絵入りの物語が親しまれました。

> 東山文化　　金閣　　御伽草子　　能

2 次の問いに答えましょう。

(1) 北山文化が栄えたころ，能を大成した人物はだれですか。次から1つ選んで，記号を書きましょう。 **ウ**
　ア 運慶　　イ 兼好法師
　ウ 世阿弥　　エ 琵琶法師
　ア・イは鎌倉時代の人物。エは盲目の芸能者。

(2) 東山文化が栄えたころ雪舟が大成した，墨一色で自然を表現する絵画を何といいますか。 **水墨画**

(3) 銀閣に取り入れられた，現代の和風建築のもととなった右のような建築様式を何といいますか。 **書院造**

確認テスト 2章

1 (1)イ　(2)執権　(3)エ
(4)浄土宗

解説 (2)執権は，代々北条氏がついた。

2 (1)惣　(2)琉球王国　(3)イ
(4)下剋上

解説 (4)下剋上の風潮が広がり，戦国大名が各地で現れるようになった。

3 (1)イ　(2)六波羅探題　(3)元
(4)徳政令

解説 (4)徳政令では，御家人の借金の帳消しを定めていた。

4 (1)後醍醐天皇　(2)エ
(3)例 倭寇と正式な貿易船を区別するため。

解説 (3)倭寇は，海賊行為を行う集団で，大陸沿岸に現れるようになっていた。

ステージ 21 ヨーロッパの世界進出
中世のヨーロッパをおさえよう！

1 次の◯◯にあてはまる語句を，下の◯◯の中から選びましょう。

(1) ローマ教皇のよびかけにより， **十字軍** が東方に派遣されました。

(2) ルターやカルバンは，教会を批判し， **宗教改革** を起こしました。

(3) ルターなど，カトリック教会に反対した者は，「抗議する者」という意味で **プロテスタント** とよばれました。

(4) **コロンブス** は，アメリカ大陸への航路を開きました。

> 十字軍　　コロンブス　　宗教改革　　プロテスタント

2 次の問いに答えましょう。

(1) 中世のヨーロッパで栄えた，生き生きとした文化を何といいますか。 **ルネサンス**

(2) 次の①・②の人物と関係が深い航路を，右の地図中のア〜ウから1つずつ選んで，記号を書きましょう。
　① マゼラン **イ**
　② バスコ・ダ・ガマ **ウ**

アはコロンブスの航路。

ステージ 22 ヨーロッパ人との出会い
南蛮貿易の特色をつかもう！

1 次の◯◯にあてはまる語句を，下の◯◯の中から選びましょう。

(1) 1543年，ポルトガル人が乗った中国船が **種子島** に流れ着き，鉄砲が日本に伝わりました。

(2) 1549年，イエズス会の宣教師 **ザビエル** が来日し，日本にキリスト教を伝えました。

(3) 日本でもキリスト教を信仰する **キリシタン** が増えました。

(4) ポルトガル人やスペイン人と **南蛮貿易** が行われました。

> 種子島　　南蛮貿易　　ザビエル　　キリシタン

2 次の問いに答えましょう。

(1) 日本で鉄砲がつくられるようになった都市はどこですか，次から2つ選んで，記号を書きましょう。 **ウ** **エ**
　ア 種子島　　イ 鹿児島
　ウ 堺　　エ 国友

(2) キリスト教を伝えたザビエルが所属していた組織を何といいますか。 **イエズス会**

(3) 貿易を行っていたポルトガル人やスペイン人は，何とよばれていましたか。南蛮人と行っていた貿易を南蛮貿易という。 **南蛮人**

信長と秀吉をおさえよう！

1 次の◯◯にあてはまる語句を，下の◯◯◯の中から選びましょう。

(1) 織田信長は，商工業を活発にするため，安土城の城下で **楽市・楽座** を行いました。

(2) 豊臣秀吉は，全国の田畑の面積や土地のよしあしを調べて，収穫量を石高で表す **太閤検地** を行いました。

(3) 豊臣秀吉は，農民から武器を取り上げる **刀狩** を行いました。

(4) 豊臣秀吉は，明の征服をめざして **朝鮮侵略** を行いました。

> 刀狩　　太閤検地　　朝鮮侵略　　楽市・楽座

2 次の問いに答えましょう。

(1) 織田信長が鉄砲を使って武田軍を破った戦いを何といいますか。
のちに織田信長は，本能寺の変で自害した。 **長篠の戦い**

(2) 豊臣秀吉が刀狩を行った目的を，次から1つ選んで，記号を書きましょう。 **イ**

ア 商工業を活発にするため。　　イ 農民の一揆を防ぐため。
ウ 明を征服するため。　　エ キリスト教を禁止するため。

(3) 豊臣秀吉が太閤検地と刀狩を行ったことで，武士と農民の身分の区別がはっきりしました。このことを何といいますか。 **兵農分離**

桃山文化の特色をつかもう！

1 次の◯◯にあてはまる語句を，下の◯◯◯の中から選びましょう。

(1) 安土桃山時代には，豪華で雄大な **桃山文化** が栄えました。

(2) **千利休** は，わび茶の作法を完成させました。

(3) 出雲の阿国が始めた **かぶき踊り** が民衆の間で人気を集めました。

(4) 南蛮貿易により，ヨーロッパの学問や技術が日本に伝わったことから，**南蛮文化** が栄えました。

> かぶき踊り　　千利休　　南蛮文化　　桃山文化

2 次の問いに答えましょう。

(1) 『唐獅子図屏風』をえがいた人物はだれですか。次から1つ選んで，記号を書きましょう。 **エ**

ア 雪舟　　イ 運慶
ウ 千利休　　エ 狩野永徳

桃山文化では大きな天守をもつ城が多くつくられた。

(2) 世界遺産に登録されている，右の城を何といいますか。 **姫路城**

(3) 南蛮文化が栄えたころ，ヨーロッパから日本に伝わったものを，次から1つ選んで，記号を書きましょう。 **イ**

ア 漢字　　イ 航海術
ウ 仏教　　エ 銅鐸

ヨーロッパの国々の新航路開拓の結果，日本へ南蛮文化がもたらされた。

江戸幕府のしくみをおさえよう！

1 次の◯◯にあてはまる語句を，下の◯◯◯の中から選びましょう。

(1) 徳川家康は **関ヶ原の戦い** で勝利し，征夷大将軍に任命されました。

(2) 徳川家康は **江戸幕府** を開き，全国を支配しました。

(3) 3代将軍徳川家光は，**参勤交代** を定め，大名を1年おきに領地と江戸を往復させました。

(4) 農村では，**五人組** の制度がつくられ，連帯責任が負わされました。

> 関ヶ原の戦い　　参勤交代　　五人組　　江戸幕府

2 次の問いに答えましょう。

(1) 江戸幕府が，大名を統制するために制定した法令を何といいますか。 **武家諸法度**

(2) 幕府によって，江戸から遠い土地に配置された大名を，次から1つ選んで，記号を書きましょう。 **ウ**

ア 親藩　　イ 譜代大名　　ウ 外様大名

(3) 右のグラフは，江戸時代の身分別の人口割合です。◯X◯にあてはまる身分を書きましょう。

百姓のおさめる年貢は，幕府の重要な財源だった。 **百姓（農民）**

えた・ひにん 1.5
公家，神官僧侶，その他 1.5
町人 5
武士 7
総人口 約3200万人（推定値）
X 85%
「近世日本の人口構造」

江戸幕府による鎖国体制をおさえよう！

1 次の◯◯にあてはまる語句を，下の◯◯◯の中から選びましょう。

(1) 朱印状をもった商人や大名によって，**朱印船貿易** が行われました。

(2) キリスト教をきびしく弾圧したため，**島原・天草一揆** が起こりました。

(3) 鎖国体制の下，対馬藩を通して **朝鮮通信使** が派遣されました。

(4) **松前藩** は，蝦夷地に住むアイヌの人々との交易を独占していました。

> 朱印船貿易　　松前藩　　朝鮮通信使　　島原・天草一揆

2 次の問いに答えましょう。

(1) 朱印船貿易の結果，東南アジアに日本人が移住してできた町を何といいますか。
シャムのアユタヤなどにつくられた。 **日本町**

(2) 右の図は，長崎の人工島です。この島を何といいますか。 **出島**

(3) (2)で貿易が行われていたヨーロッパの国を，次から1つ選んで，記号を書きましょう。 **ウ**

ア スペイン　　イ ポルトガル
ウ オランダ　　エ イギリス

(4) 薩摩藩が服属させた，現在の沖縄県にあった王国を何といいますか。 **琉球王国**

ステージ 27 産業の発達と都市の発展
江戸時代の産業の発達をおさえよう！

① 次の◯◯にあてはまる語句を，下の⬚⬚⬚の中から選びましょう。

(1) 幕府や藩は，年貢を増やすため　**新田**　の開発を行いました。

(2) **寛永通宝** などの貨幣が流通しました。

(3) 東海道などの　**五街道**　には，関所がおかれ，通行人や荷物の運送を監視していました。

(4) 三都の1つである大阪は，「**天下の台所**」とよばれて栄えました。

新田	五街道	天下の台所	寛永通宝

② 次の問いに答えましょう。

(1) 右の図の農具を何といいますか。千歯こきや唐箕なども広がった。　**備中ぐわ**

(2) 五街道のうち，右の地図中のXの街道を何といいますか。　**東海道**

(3) 大阪におかれ，諸藩から運ばれた年貢米や特産品が売買された建物を何といいますか。　**蔵屋敷**

ステージ 28 江戸幕府のさまざまな政策①
徳川吉宗と田沼意次をおさえよう！

① 次の◯◯にあてはまる語句を，下の⬚⬚⬚の中から選びましょう。

(1) 8代将軍徳川吉宗は，財政難を解決するため，**享保の改革** を行いました。

(2) 18世紀後半に老中となった **田沼意次** は，貿易を奨励し，輸出品の増加に力を入れました。

(3) 農村にも貨幣経済が広がり，機械を貸し出してつくった商品を買い取る **問屋制家内工業** が行われるようになりました。

(4) 農村では百姓一揆，都市では **打ちこわし** が起こるようになりました。

田沼意次	享保の改革	打ちこわし	問屋制家内工業

② 次の問いに答えましょう。

(1) 享保の改革について，次の問いに答えましょう。

　一 追いはぎをした者は獄門
　一 人を殺した者は引き回して獄門　（部分要約）

① 徳川吉宗が定めた右の法律を何といいますか。　**公事方御定書**

② 庶民の意見を聞くために設置したものを何といいますか。　**目安箱**

(2) 田沼意次が結成を奨励した，営業を独占する同業者の組合を何といいますか。田沼意次は，商工業を発達させ，財政を立て直そうとした。　**株仲間**

ステージ 29 江戸幕府のさまざまな政策②
松平定信と水野忠邦をおさえよう！

① 次の◯◯にあてはまる語句を，下の⬚⬚⬚の中から選びましょう。

(1) 老中の松平定信は，財政を立て直すため，**寛政の改革** を行いました。

(2) 外国船が日本に近づくようになったため，幕府は **異国船打払令** を出しました。

(3) 幕府の元役人であった **大塩平八郎** は，ききんで苦しむ人々を助けるため反乱を起こしました。

(4) 老中の水野忠邦は，幕府の力を回復させるために，**天保の改革** を行いました。

寛政の改革	天保の改革	大塩平八郎	異国船打払令

② 次の問いに答えましょう。

(1) 財政を立て直すため，寛政の改革を行った人物はだれですか。凶作やききんに備えて，米を蓄えさせた。　**松平定信**

(2) 1825年に異国船打払令が出されたのはなぜですか。次から1つ選んで，記号を書きましょう。　**イ**

ア 渡航を許可した船には，朱印状が与えられていたから。
イ イギリスやアメリカの船が日本に近づくようになったから。
ウ 海賊行為を行う倭寇が現れるようになったから。

ステージ 30 江戸時代の文化
元禄文化と化政文化をつかもう！

① 次の◯◯にあてはまる語句を，下の⬚⬚⬚の中から選びましょう。

(1) 17世紀末から18世紀初め，京都や大阪の上方中心に **元禄文化** が栄えました。

(2) **近松門左衛門** が台本を書いた人形浄瑠璃が，人々の人気を集めました。

(3) 19世紀初めごろ，江戸中心に **化政文化** が発展しました。

(4) オランダ語でヨーロッパ文化を学ぶ，**蘭学** が発展しました。

化政文化	元禄文化	近松門左衛門	蘭学

② 次の問いに答えましょう。

(1) 元禄文化が栄えたころ，『奥の細道』を書いたのはだれですか。次から1つ選んで，記号を書きましょう。　**ウ**

ア 井原西鶴　イ 近松門左衛門
ウ 松尾芭蕉　エ 尾形光琳

(2) 菱川師宣が大成した絵画をまとめて何といいますか。　**浮世絵**

(3) 国学を大成し，『古事記伝』を書いたのはだれですか。国学は，日本古来の伝統を研究する学問。　**本居宣長**

確認テスト ③章

1 (1)ウ　(2)宗教改革　(3)千利休

[解説] (2)宗教改革を起こした人々は，プロテスタントとよばれた。

2 (1)参勤交代　(2)エ　(3)ウ
(4)工場制手工業（マニュファクチュア）
(5)ウ

[解説] (3)江戸時代は，江戸・大阪・京都が三都とよばれて栄えた。

3 (1)楽市・楽座　(2)イ　(3)ウ

[解説] (2)豊臣秀吉が，太閤検地や刀狩を行ったことで，兵農分離が進んだ。

4 (1)徳川吉宗　(2)イ　(3)エ
(4)例 物価の上昇をおさえるため。

[解説] (2)田沼意次は，商工業を活発にして，幕府の財政を立て直そうとした。

ステージ **31**　ヨーロッパの市民革命
ヨーロッパのようすをおさえよう!

1 次の◯にあてはまる語句を，下の◻の中から選びましょう。

(1) イギリスでは，国王が議会を無視して政治を行ったため，ピューリタン革命と **名誉革命** が起こりました。

(2) フランスでは，フランス革命が起こり，**人権宣言** が発表されました。

(3) 啓蒙思想が広がり，**モンテスキュー** が三権分立を主張しました。

(4) 独立戦争が始まったアメリカでは，**独立宣言** が発表されました。

| 名誉革命　　モンテスキュー　　人権宣言　　独立宣言 |

2 次の問いに答えましょう。

(1) 右のような宣言が発表された国はどこですか。次から1つ選んで，記号を書きましょう。 **イ**

> 第1条 人は生まれながらに，自由で平等な権利をもつ。　（部分要約）
> 資料は人権宣言。

ア　イギリス　　イ　フランス
ウ　アメリカ　　エ　スペイン

(2) 次の①・②の文にあてはまる人物を，あとから1つずつ選んで，記号を書きましょう。
① フランス革命のあと，皇帝になった。 **ウ**
② アメリカの初代大統領になった。 **エ**

ア　ルソー　　イ　ロック　　ウ　ナポレオン　　エ　ワシントン

ステージ **32**　ヨーロッパのアジア進出
産業革命のようすをおさえよう!

1 次の◯にあてはまる語句を，下の◻の中から選びましょう。

(1) イギリスで蒸気機関が改良され，**産業革命** が起こりました。

(2) 資本家が労働者をやとい，利益を求めて競争する **資本主義** の考えが生まれました。

(3) アメリカの南北戦争で，**リンカン** 大統領が率いる北部が勝利しました。

(4) イギリスは，清との間で起こった **アヘン戦争** に勝利しました。

| 資本主義　　アヘン戦争　　リンカン　　産業革命 |

2 次の問いに答えましょう。

(1) 蒸気機関が改良され，世界で産業革命が初めて起こった国はどこですか。次から1つ選んで，記号を書きましょう。 **エ**
ア　アメリカ　　イ　フランス
ウ　清　　エ　イギリス

(2) 産業革命のあと，資本主義を批判して生まれた考えを何といいますか。 **社会主義**

(3) 右の図は，イギリス・清・インドが行っていた三角貿易を示しています。図中のXにあてはまる品目は何ですか。 **アヘン**
アヘン戦争のきっかけとなった。

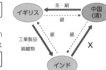

ステージ **33**　日本の開国と江戸幕府の滅亡
大政奉還までの流れをおさえよう!

1 次の◯にあてはまる語句を，下の◻の中から選びましょう。

(1) 1853年，**ペリー** が4隻の軍艦を率いて浦賀にやってきました。

(2) 朝廷の許可を得ないまま，1858年に **日米修好通商条約** が結ばれました。

(3) 天皇を尊び，外国を排除する考えが広がり，**尊王攘夷運動** がさかんになりました。

(4) 江戸幕府の15代将軍の **徳川慶喜** が，政権を朝廷に返したことで，江戸幕府はほろびました。

| 尊王攘夷運動　　日米修好通商条約　　ペリー　　徳川慶喜 |

2 次の問いに答えましょう。

(1) 日米和親条約で開かれた港を，右の地図中のア〜エから2つ選んで，記号を書きましょう。 **ア** | **ウ**

(2) 坂本龍馬の仲立ちで，薩摩藩と同盟を結んだ藩はどこですか。 **長州藩**
薩長同盟が結ばれた。

(3) 1867年に，幕府が朝廷に政権を返したことを何といいますか。 **大政奉還**

34 明治政府のしくみをおさえよう！
明治政府の成立

1 次の◯◯にあてはまる語句を，下の◯◯の中から選びましょう。

(1) もとの武士・百姓・町人は平等と定め，えた・ひにん身分には **解放令** を出しました。

(2) 明治政府は，中央集権国家をつくるため，藩を廃止し，県をおく **廃藩置県** を行いました。

(3) **徴兵令** が発布され，20歳以上の男子に兵役を義務づけました。

(4) 明治政府は新しい税制を定め，土地所有者に **地券** を発行しました。

> 解放令　　地券　　廃藩置県　　徴兵令

2 次の問いに答えましょう。

(1) 明治政府が出した，右の方針を何といいますか。
五箇条の御誓文

(2) 学制が出され，小学校教育が義務づけられたのは，どのような人々ですか。次から１つ選んで，記号を書きましょう。
イ

ア　6歳以上の男子　　イ　6歳以上の男女
ウ　12歳以上の男子　　エ　12歳以上の男女

> 一　広ク会議ヲ興シ万機公論ニ決スベシ。
> 一　上下心ヲ一ニシテ盛ニ経綸ヲ行フベシ。
> 〈部分要約〉

(3) 明治政府が，財政収入を安定させるため，土地にかかる税を現金でおさめさせた政策を何といいますか。
地租改正
地価の３％を現金でおさめさせた。

---

35 富国強兵政策をおさえよう！
富国強兵政策と文明開化

1 次の◯◯にあてはまる語句を，下の◯◯の中から選びましょう。

(1) 明治政府は，経済を発展させ，軍隊を強くする「**富国強兵**」をかかげました。　明治政府は欧米諸国に対抗しようとした。

(2) 殖産興業政策の１つとして，富岡製糸場などの **官営模範工場** を設立しました。

(3) 西洋の文化や技術がさかんに取り入れられる **文明開化** の風潮がみられるようになりました。

(4) 福沢諭吉や **中江兆民** などの西洋の考えを主張する思想家が現れました。

> 文明開化　　官営模範工場　　富国強兵　　中江兆民

2 次の問いに答えましょう。

(1) 右の絵は，群馬県に設立された官営模範工場です。この工場を何といいますか。
富岡製糸場

(2) 官営模範工場をつくるなど，産業を発展させるために政府が行った政策を何といいますか。
殖産興業

(3) 右の資料は『学問のすゝめ』の一部です。これを書いたのはだれですか。
福沢諭吉

> 天は人の上に人をつくらず，人の下に人をつくらずといえり。　〈部分要約〉

---

36 明治時代初期の外交をおさえよう！
明治時代の国際関係

1 次の◯◯にあてはまる語句を，下の◯◯の中から選びましょう。

(1) 政府は不平等条約の改正交渉のため，**岩倉使節団** を欧米に派遣しました。

(2) 西郷隆盛らは，武力で朝鮮に開国をせまる **征韓論** を主張し，帰国した岩倉具視らと対立しました。

(3) 日本政府は，朝鮮に不利な内容の **日朝修好条規** を結び，朝鮮を開国させました。

(4) 政府は，蝦夷地を **北海道** と改め，開拓を進めました。

> 北海道　　岩倉使節団　　日朝修好条規　　征韓論

2 次の問いに答えましょう。

(1) 岩倉使節団に参加した人物を，次から１つ選んで，記号を書きましょう。
ウ
ア　西郷隆盛　　イ　板垣退助
ウ　大久保利通　　エ　坂本龍馬
岩倉使節団には，伊藤博文も参加した。

(2) 日本とロシアの間の国境を決めるため，1875年に日本がロシアと結んだ条約を何といいますか。
樺太・千島交換条約

(3) 1879年，琉球の人々の反対をおさえて，沖縄県を設置したできごとを何といいますか。
琉球処分

---

37 大日本帝国憲法制定の流れをおさえよう！
自由民権運動と大日本帝国憲法

1 次の◯◯にあてはまる語句を，下の◯◯の中から選びましょう。

(1) 板垣退助らが民撰議院設立の建白書を政府に提出したことで，国会の開設を求める **自由民権運動** が広がりました。

(2) 西郷隆盛は，不満をもつ士族らとともに **西南戦争** を起こしましたが，政府によってしずめられました。

(3) ヨーロッパから帰国した伊藤博文は，**内閣制度** をつくり，初代内閣総理大臣になりました。

(4) 1889年，**大日本帝国憲法** が発布されました。

> 大日本帝国憲法　　自由民権運動　　西南戦争　　内閣制度

2 次の問いに答えましょう。

(1) 板垣退助を党首として結成された政党を何といいますか。
大隈重信は立憲改進党を結成した。
自由党

(2) 内閣制度をつくり，初代内閣総理大臣になった人物を，次から１つ選んで，記号を書きましょう。
イ
ア　西郷隆盛　　イ　伊藤博文
ウ　大隈重信　　エ　大久保利通

(3) 右は大日本帝国憲法の一部です。この憲法で主権者とされていたのはだれですか。
天皇

> 第１条　大日本帝国ハ万世一系ノ天皇之ヲ統治ス
> 第３条　天皇ハ神聖ニシテ侵スベカラズ　〈部分要約〉

ステージ 38 進出する欧米列強と条約改正
条約改正をおさえよう！

1 次の◯にあてはまる語句を，下の◯◯◯の中から選びましょう。

(1) 資本主義が発達した欧米諸国は，市場や安い原料を求めて植民地を広げました。
この考えを **帝国主義** といいます。

(2) 日本は，**領事裁判権** を認めていたため，外国人が罪をおかしても，日本の裁判所でさばくことができませんでした。

(3) 外務大臣の井上馨は，**欧化政策** を行いました。

(4) 外務大臣の **小村寿太郎** は関税自主権の完全回復に成功しました。

> 帝国主義　領事裁判権　小村寿太郎　欧化政策

2 次の問いに答えましょう。

(1) 日本人乗客が全員水死したにもかかわらず，イギリス人船長に軽いばつしか与えられなかった事件を，次から1つ選んで，記号を書きましょう。 **ウ**
　ア 琉球処分　　　　　　イ 桜田門外の変
　ウ ノルマントン号事件　エ 西南戦争

(2) 1894年，領事裁判権の撤廃に成功したときの外務大臣はだれですか。 **陸奥宗光**

(3) 1911年に外務大臣の小村寿太郎が完全回復に成功した権利は何ですか。
これにより，不平等条約改正が達成された。 **関税自主権**

ステージ 39 日清戦争
日清戦争のようすをつかもう！

1 次の◯にあてはまる語句を，下の◯◯◯の中から選びましょう。

(1) 1894年，朝鮮で **甲午農民戦争** が起こったことをきっかけに，日清戦争が始まりました。

(2) 日清戦争は日本が勝利し，**下関条約** が結ばれました。

(3) 日清戦争後，ロシア・ドイツ・フランスによる **三国干渉** が起こりました。

(4) ロシアは，日本が清に返還した **遼東半島** の一部を租借しました。

> 三国干渉　遼東半島　下関条約　甲午農民戦争

2 次の問いに答えましょう。

(1) 朝鮮で起きた甲午農民戦争をきっかけに始まったできごとを何といいますか。
日清戦争のあと，下関条約が結ばれた。 **日清戦争**

(2) ロシアとともに，三国干渉を行った国はどこですか。次から2つ選んで，記号を書きましょう。 **ア イ**
　ア フランス　イ ドイツ
　ウ イギリス　エ アメリカ

(3) 三国干渉で日本が清へ返したのはどこですか。右の地図中のア〜エから1つ選んで，記号を書きましょう。 **イ**

ステージ 40 日露戦争
日露戦争のようすをつかもう！

1 次の◯にあてはまる語句を，下の◯◯◯の中から選びましょう。

(1) 清で起きた **義和団事件** をおさえるため，ロシアと日本が大軍を送りました。

(2) 日本は，イギリスと **日英同盟** を結び，ロシアに対抗しました。

(3) 日露戦争に苦戦する中，アメリカの仲介で **ポーツマス条約** が結ばれました。

(4) 日本は，1910年に **韓国併合** を行い，韓国を植民地としました。

> 義和団事件　ポーツマス条約　韓国併合　日英同盟

2 次の問いに答えましょう。

(1) ロシアに対抗するため，日本と同盟を結んだ国はどこですか。次から1つ選んで，記号を書きましょう。 **エ**
　ア ドイツ　　イ アメリカ
　ウ フランス　エ イギリス

(2) 日露戦争のあと，国民の不満が高まったのはなぜですか。次から1つ選んで，記号を書きましょう。 **エ**
　ア 樺太が全部手に入らなかったから。　イ 遼東半島を清に返したから。
　ウ アメリカが仲介に入ったから。　　　エ 賠償金を得られなかったから。

(3) 三民主義を唱え，辛亥革命を指導した人物はだれですか。
辛亥革命のあと，中華民国が建国された。 **孫文**

ステージ 41 日本で進む産業革命
日本の産業革命をおさえよう！

1 次の◯にあてはまる語句を，下の◯◯◯の中から選びましょう。

(1) 1880年代，紡績・製糸などの **軽工業** が発展しました。

(2) 1900年代には，官営の **八幡製鉄所** がつくられ，鉄鋼生産の中心となりました。

(3) **夏目漱石** は「坊っちゃん」などの作品を発表しました。

(4) **野口英世** は黄熱病の研究を行いました。

> 野口英世　軽工業　夏目漱石　八幡製鉄所

2 次の問いに答えましょう。

(1) 日本で重工業が発達したのは，いつごろですか。次から1つ選んで，記号を書きましょう。 **ウ**
　ア 1880年代　イ 1890年代
　ウ 1900年代
日本でも産業革命が起こった。

(2) 資本主義が発展するとともに，資本家は◯へ成長し，経済を支配しました。◯にあてはまる語句を書きましょう。 **財閥**

(3) 明治時代，「湖畔」をえがいた人物はだれですか。次から1つ選んで，記号を書きましょう。 **ア**
　ア 黒田清輝　イ 樋口一葉　ウ 森鷗外

確認テスト 4章

1 (1)ウ (2)ナポレオン

(3)南京条約 (4)ウ

解説 (4)日米修好通商条約では、函館・新潟・神奈川・兵庫・長崎が開港した。ウは日米和親条約で開港した下田。

2 (1)学制 (2)イ (3)八幡製鉄所

(4)エ

解説 (2)エの大隈重信は、立憲改進党を結成した。

3 (1)ウ，エ (2)大政奉還 (3)地租改正

解説 (1)長州藩と薩摩藩の間で薩長同盟が結ばれ、ともに倒幕をめざした。

4 (1)西郷隆盛 (2)領事裁判権 (3)ア

(4)例 賠償金が得られなかったから。

解説 (4)日露戦争では、犠牲が大きかったにもかかわらず、賠償金が得られなかった。

ステージ **42** 第一次世界大戦
第一次世界大戦の広がりをおさえよう!

1 次の◯◯にあてはまる語句を、下の◯◯の中から選びましょう。

(1) 1914年、連合国と同盟国が対立し、**第一次世界大戦**が起こりました。

(2) 戦争は、連合国側の勝利で終わり、**ベルサイユ条約**が結ばれました。

(3) 日本は、イギリスと結んでいた**日英同盟**を理由に、連合国側として参戦しました。

(4) 大戦でヨーロッパからの輸入が止まったことなどから、日本国内は、**大戦景気**をむかえました。

｜ 第一次世界大戦　日英同盟　大戦景気　ベルサイユ条約 ｜

2 次の問いに答えましょう。

(1) 右の図は、第一次世界大戦前の国際関係を示しています。図中の **A**・**B** にあてはまる語句をそれぞれ書きましょう。

日本は三国協商 A **三国協商**
側として参戦した。 B **三国同盟**

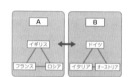

(2) 右の資料は、連合国側として参戦した日本が中国へ出した要求です。これを何といいますか。

二十一か条の要求

一　中国は、ドイツのもっている山東省の権利をすべて日本にゆずる。
一　日本の旅順・大連の租借権などの期限を延長する。　〈部分要約〉

ステージ **43** アジアの民族運動
第一次世界大戦後の世界をおさえよう!

1 次の◯◯にあてはまる語句を、下の◯◯の中から選びましょう。

(1) 第一次世界大戦中の1917年に、レーニンの指導の下、**ロシア革命**が始まりました。

(2) 日本では、シベリア出兵を見こした米の買いしめにより米の値段が急に上がり、**米騒動**が起こりました。

(3) 第一次世界大戦後、アメリカ大統領ウィルソンの提案により、**国際連盟**が設立されました。

(4) 日本の植民地下にあった朝鮮では、**三・一独立運動**が起こりました。

｜ ロシア革命　国際連盟　三・一独立運動　米騒動 ｜

2 次の問いに答えましょう。

(1) ロシア革命に対して、各国が社会主義の広がりをおさえるために大軍を送ったできごとを何といいますか。
シベリア出兵の影響で米が値上がりした。 **シベリア出兵**

(2) 国際連盟が設立されたころ、◯◯の考えが唱えられ、多くの国が独立しました。◯◯にあてはまる語句を書きましょう。 **民族自決**

(3) 二十一か条の要求に反対し、五・四運動が起こった国はどこですか。次から1つ選んで、記号を書きましょう。 **ア**

ア　中国　　イ　朝鮮
ウ　インド　エ　ソビエト社会主義共和国連邦

ステージ **44** 大正デモクラシーと政党内閣
大正デモクラシーをおさえよう!

1 次の◯◯にあてはまる語句を、下の◯◯の中から選びましょう。

(1) 大正時代、民主主義が強く求められるようになった時期は、**大正デモクラシー**とよばれました。

(2) 立憲政友会の原敬は本格的な**政党内閣**を組織しました。

(3) 選挙権が満25歳以上の男子に与えられる**普通選挙法**が成立しました。

(4) 労働者の団結と労働条件の改善を求めて、**労働争議**が起こりました。

｜ 普通選挙法　労働争議　政党内閣　大正デモクラシー ｜

2 次の問いに答えましょう。

(1) 初めて本格的な政党内閣を組織した内閣総理大臣はだれですか。 **原敬**

(2) 普通選挙法によって選挙権が与えられたのはどのような人々ですか。次から1つ選んで、記号を書きましょう。 **ウ**

ア　直接国税を15円以上おさめる、満25歳以上の男子
イ　直接国税を3円以上おさめる、満25歳以上の男女
ウ　満25歳以上のすべての男子　　有権者数は、それまでの約4倍に増加した。

(3) 女性の解放を求めて、新婦人協会を設立した人物はだれですか。

平塚らいてう
（らいちょう）

13

45 世界恐慌での諸国の対応をおさえよう!

世界恐慌と欧米の情勢

1 次の◯にあてはまる語句を，下の⬚⬚⬚の中から選びましょう。

(1) 1929年，アメリカのニューヨーク市場の株価の大暴落をきっかけに，

　　世界恐慌 が起こりました。

(2) アメリカのルーズベルト大統領は **ニューディール政策** を

行い，失業者を助けました。

(3) イギリスやフランスは，植民地との関係を密接にし，他の国には高い関税をかけ

る **ブロック経済** を行いました。

(4) イタリアやドイツでは，民主主義を否定し，民族や国家を重要視する

　　ファシズム が登場しました。

⬚ 世界恐慌　　ファシズム　　ブロック経済　　ニューディール政策 ⬚

2 次の問いに答えましょう。

(1) 世界恐慌に対する各国の対応について，次の①・②にあてはまる国を，あとから
1つずつ選んで，記号を書きましょう。

① ニューディール政策を行い，公共事業によって失業者を助けた。

② 五か年計画を進めていたため，影響を受けなかった。

① **ウ** ② **ア**

　ア ソ連　　イ イギリス　　ウ アメリカ　　エ フランス

(2) ファシズムが登場したドイツで，ナチスを率いて独裁を行った人物はだれですか。

イタリアではファシスト党の
ムッソリーニが独裁を行った。 **ヒトラー**

---

46 日中戦争までの流れをおさえよう!

満州事変と日中戦争

1 次の◯にあてはまる語句を，下の⬚⬚⬚の中から選びましょう。

(1) 1931年，日本の軍隊（関東軍）は南満州で鉄道の線路を爆破し，

　　満州事変 を起こしました。

(2) 1932年，海軍の青年将校らが犬養毅首相を暗殺する **五・一五事件**

が起こりました。

(3) 1937年，北京郊外で起こった盧溝橋事件をきっかけに **日中戦争** が

始まりました。

(4) 長引く戦争に対して，国民や物資を優先して戦争にまわすため，

　　国家総動員法 が定められました。

⬚ 五・一五事件　　国家総動員法　　満州事変　　日中戦争 ⬚

2 次の問いに答えましょう。

(1) 五・一五事件で暗殺された当時の首相はだれですか。

犬養毅

(2) 1933年に，日本が国際連盟を脱退したのはなぜですか。次から1つ選んで，記
号を書きましょう。 **イ**

　ア 国際連盟にアメリカが不参加だったから。 国際連盟を脱退し，

　イ 国際連盟が満州国を認めなかったから。 日本は孤立を深めた。

　ウ 日本が国際連盟の常任理事国になれなかったから。

---

47 ポツダム宣言受諾までの流れをおさえよう!

第二次世界大戦と太平洋戦争

1 次の◯にあてはまる語句を，下の⬚⬚⬚の中から選びましょう。

(1) 1939年，ドイツがポーランドに侵攻し，**第二次世界大戦** が

始まりました。

(2) 1941年，日本がアメリカやイギリスを攻撃したことで，**太平洋戦争**

が始まりました。

(3) 戦時下では，都市の小学生が空襲から逃れるため，農村に避難する

　　集団疎開 が行われました。

(4) 日本は **ポツダム宣言** を受け入れて，1945年8月15日，降伏を国

民に発表しました。

⬚ 集団疎開　　第二次世界大戦　　ポツダム宣言　　太平洋戦争 ⬚

2 次の問いに答えましょう。

(1) 日本がドイツ・イタリアと結んだ軍事同盟を何といいますか。

この同盟により，アメリカ・イギ
リスとの対立を深めた。 **日独伊三国同盟**

(2) 原子爆弾が投下された場所を，右の地図中の
ア〜オから2つ選んで，記号を書きましょう。

ウ **エ**

(3) アメリカ軍が上陸して戦闘となり，多くの民
間人が犠牲となった場所を，右の地図中のア〜
オから1つ選んで，記号を書きましょう。

オ

---

48 占領下での日本のようすをおさえよう!

占領下での民主化政策

1 次の◯にあてはまる語句を，下の⬚⬚⬚の中から選びましょう。

(1) 敗戦後の日本では，連合国軍最高司令官総司令部（ **GHQ** ）の指

令にもとづいて，戦後改革が行われました。

(2) 経済の民主化が進められ，**財閥解体** が行われました。

(3) **日本国憲法** は1946年11月3日に公布され，1947年5月3日に

施行されました。

(4) 地主がもつ小作地を政府が買い上げて小作人に売りわたす，

　　農地改革 が行われました。

⬚ GHQ　　農地改革　　日本国憲法　　財閥解体 ⬚

2 次の問いに答えましょう。

(1) 新しくつくられた日本国憲法の基本原則は，「国民主権」，「基本的人権の尊重」と，
あと1つは何ですか。 **平和主義**

(2) 右のグラフは，農地改革の前後の自作地
と小作地の割合を示しています。自作地を
示しているのは，A・Bのどちらですか。 **A**

（完結昭和国勢総覧）

(3) 戦後，選挙権が与えられた人々を，次から1つ選んで，記号を書きましょう。

　ア 満25歳以上の男子　　イ 満25歳以上の男女 **ウ**

　ウ 満20歳以上の男女 女性にも参政権が与えられた。

ステージ 49 冷戦の始まり
冷戦の対立関係をおさえよう！

1 次の◯◯にあてはまる語句を，下の◯◯◯の中から選びましょう。

(1) 1945年，国際連盟にかわって **国際連合** が設立されました。

(2) 西ヨーロッパを中心とする西側陣営と，東ヨーロッパを中心とする東側陣営が対立し，直接戦火を交えない **冷戦** が始まりました。冷戦は1989年まで続いた。

(3) 朝鮮半島では，北朝鮮と韓国による **朝鮮戦争** が起こりました。

(4) ドイツにある **ベルリンの壁** は，冷戦の象徴とされました。

> 朝鮮戦争　　冷戦　　ベルリンの壁　　国際連合

2 次の問いに答えましょう。

(1) 国際連合に設置された，世界の平和と安全を守る機関を何といいますか。
安全保障理事会

(2) (1)の常任理事国として正しい組み合わせを，次から1つ選んで，記号を書きましょう。
ア　アメリカ，イギリス，フランス，日本，ドイツ
イ　アメリカ，イギリス，フランス，ソ連，中国
ウ　ソ連，フランス，イタリア，中国，ドイツ
イ
いずれも連合国だった。

(3) 冷たい戦争（冷戦）で対立した西側陣営と東側陣営で中心となった国を，次から1つずつ選んで，記号を書きましょう。
西側陣営 **ウ**　　東側陣営 **ア**
ア　ソ連　　イ　ドイツ　　ウ　アメリカ　　エ　中国

ステージ 50 独立回復後の日本
独立回復後の日本のようすをおさえよう！

1 次の◯◯にあてはまる語句を，下の◯◯◯の中から選びましょう。

(1) 朝鮮戦争の影響で，日本では，**特需景気** とよばれる好景気となりました。

(2) 1951年，日本は **サンフランシスコ平和条約** を結び，独立を回復しました。

(3) 独立後，自由民主党が38年間にわたり政権をとり続ける **55年体制** が続きました。

(4) 佐藤栄作内閣は，1972年に **沖縄返還** を実現させました。

> 特需景気　　55年体制　　沖縄返還　　サンフランシスコ平和条約

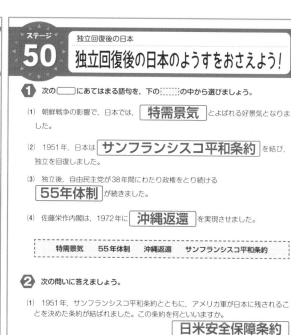

2 次の問いに答えましょう。

(1) 1951年，サンフランシスコ平和条約とともに，アメリカ軍が日本に残されることを決めた条約が結ばれました。この条約を何といいますか。
日米安全保障条約

(2) 1956年，◯◯を出したことで，日本の国際連合への加盟が実現しました。◯◯にあてはまる語句を書きましょう。
日ソ共同宣言

(3) 沖縄返還を実現させた佐藤栄作内閣が唱えた，核兵器に対する原則を何といいますか。
「持たず，つくらず，持ちこませず」が原則となった。
非核三原則

ステージ 51 高度経済成長期の日本
日本の高度経済成長をおさえよう！

1 次の◯◯にあてはまる語句を，下の◯◯◯の中から選びましょう。

(1) 1950年代後半から，経済が急成長する **高度経済成長** が始まりました。

(2) 交通網が整備され，**東海道新幹線** や高速道路が開通しました。

(3) 1964年には，アジアで初めて **オリンピック** が東京で開かれました。

(4) 経済発展が進む中，大気汚染や水質汚濁などの **公害問題** が深刻化しました。

> 東海道新幹線　　オリンピック　　公害問題　　高度経済成長

2 次の問いに答えましょう。

(1) 1964年にアジアで初めてオリンピックが開かれた都市はどこですか。次から1つ選んで，記号を書きましょう。
ア　札幌　　イ　長野
ウ　東京　　エ　大阪
ウ

(2) 高度経済成長のころ，水俣病が発生した地域はどこですか。右の地図中のア〜エから1つ選んで，記号を書きましょう。
エ

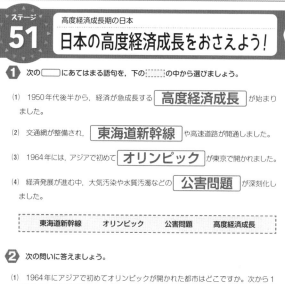

(3) 日本の高度経済成長を終結させた，石油価格が上昇したできごとを何といいますか。
オイル・ショックともいう。
石油危機

ステージ 52 冷戦後の日本
冷戦終結後の日本のようすをおさえよう！

1 次の◯◯にあてはまる語句を，下の◯◯◯の中から選びましょう。

(1) 1989年，アメリカとソ連の首脳が **冷戦** の終結を宣言しました。

(2) 1991年に社会主義国の **ソ連** は解体されました。

(3) 政治や経済の結びつきを強めるため，ヨーロッパ連合（ **ＥＵ** ）がつくられました。

(4) 日本では，1980年代後半から **バブル経済** が始まりましたが，1991年に崩壊しました。

> 冷戦　　ＥＵ　　バブル経済　　ソ連

2 次の問いに答えましょう。

(1) 冷戦の終結とともに，冷戦の象徴とよばれた壁が崩壊しました。この壁を何といいますか。
ベルリンの壁

(2) 地域紛争をなくすために行われる，国連の平和維持活動をアルファベット3字で何といいますか。
ＰＫＯ

(3) 2011年に東日本を中心に深刻な被害をもたらした震災を何といいますか。
現在も，復興支援が続いている。
東日本大震災

1 (1)小作争議 (2)ア

(3)ア, ウ (4)学徒出陣

解説 (3)1940年に日独伊三国同盟が結ばれた。

2 (1)ウ (2)エ (3)石油危機(オイル・ショック)

(4)バブル経済

解説 (1)日ソ共同宣言が出され, ソ連の支持を受けた
ことで, 日本の国際連合への加盟が実現した。

3 (1)ベルサイユ条約 (2)イ (3)ア (4)ア

解説 (4)1918年の米騒動の責任をとって, 内閣がか
わった。

4 (1)国家総動員法 (2)原子爆弾

(3)例 小作地の割合が減り, 自作地の割合が
増えた。

解説 (3)農地改革では, 政府が地主の小作地を買い上
げて, 小作人に安く売りわたした。

②